"读原著·学原文·悟原理"丛书

《博士论文》
这样学

孙熙国 张梧 主编

汪越 著

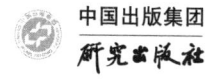

中国出版集团
研究出版社

图书在版编目(CIP)数据

《博士论文》这样学 / 汪越著. -- 北京：研究出版社，2022.4
ISBN 978-7-5199-1225-3

Ⅰ.①博… Ⅱ.①汪… Ⅲ.①《博士论文》- 马克思著作研究 Ⅳ.①A811

中国版本图书馆CIP数据核字(2022)第049689号

出品人：赵卜慧
出版统筹：张高里 丁 波
责任编辑：朱唯唯

《博士论文》这样学
BOSHI LUNWEN ZHEYANGXUE

汪越 著

研究出版社 出版发行
(100006 北京市东城区灯市口大街100号华腾商务楼)
北京中科印刷有限公司印刷 新华书店经销
2022年4月第1版 2023年1月第3次印刷
开本：787毫米×1092毫米 1/32 印张：4
字数：54千字
ISBN 978-7-5199-1225-3 定价：29.80元
电话（010）64217619 64217612（发行部）

版权所有·侵权必究
凡购买本社图书，如有印制质量问题，我社负责调换。

"读原著·学原文·悟原理"丛书编委会

编委会主任：

孙熙国　孙蚌珠　孙代尧　张　梧

编委（以姓氏笔画为序）：

王　蔚　王继华　田　曦　任　远

孙代尧　孙蚌珠　孙熙国　朱　红

朱正平　吴　波　李　洁　何　娟

汪　越　张　梧　张　晶　张　懿

余志利　张艳萍　易佳乐　房静雅

金德楠　侯春兰　姚景谦　梅沙白

曹金龙　韩致宁

编委会主任

孙熙国,北京大学马克思主义学院教授、博导,北京大学习近平新时代中国特色社会主义思想研究院常务副院长,北京大学学位委员会马克思主义理论学科分会主席,国家"万人计划"教学名师,中央马克思主义理论研究和建设工程课题组首席专家,国务院学位委员会马克思主义理论学科评议组成员,教育部马克思主义理论类专业教学指导委员会副主任委员。兼任国际易学联合会会长,中国历史唯物主义学会副会长,北京市高教学会马克思主义原理研究会会长。

在《哲学研究》等刊物发表学术论文百余篇,著有《先秦哲学的意蕴》《马克思主义基本原理前沿问题研究》(第一作者)等,主编高校哲学专业统一使用重点教材《中国哲学史》,主编全国高中生统用教科书《思想政治·生活与哲学》《思想政治·哲学与文化》,获首届全国优秀教材一等奖。主持"马藏早期文献与马克思主义在中国的早期传播""马克思主义基本原理的学科对象与理论体系"等国家哲学社会科学重大项目和重点项目。

孙蚌珠,经济学博士,教授。现任北京大学马克思主义学院党委书记、习近平新时代中国特色社会主义研究院副院长。教育部高等学校思想政治理论课教学指导委员会委员总教指委主任委员、"形势与政策"和"当代世界经济和政治"分指导委员会主任委员。马克思主义研究和建设工程首席专家,国家义务教育教科书"道德与法治"编委会主任,国家统编高中思想政治教材《经济与社会》主编、国家中等职业学校思想政治教材编委会主任。中国政治经济学学会副会长、中国《资本论》研究会副会长。主要从事政治经济学、中国特色社会主义经济理论与实践研究,获得过北京市科学技术进步二等奖,是全国首届百名优秀"两课"教师、全国思想政治理论课影响力标兵人物、北京市高等学校教师名师、国家"万人计划"教学名师、享受国务院政府特殊津贴专家。

孙代尧,北京大学法学学士、硕士和博士。现任北京大学博雅特聘教授、社会科学学部学术委员和马克思主义学院学术委员会主任,《北京大学学报(哲学社会科学版)》主编。曾任马克思主义学院副院长、学位委员会主席、教育部高校思政课教学指导委员会委员。

先后入选国务院政府特殊津贴专家、中宣部全国文化名家暨"四个一批"人才、国家"万人计划"第一批哲学社会科学领军人才;担任中央马克思主义理论研究和建设工程专家、中国科学社会主义学会副会长等。

主要从事马克思主义理论、社会主义历史和理论等领域的教学和研究。担任教育部哲学社会科学研究重大课题攻关项目、国家社科基金重大项目首席专家。科研成果曾获北京市哲学社会科学优秀成果一等奖等多个奖项。

张梧,哲学博士。现为北京大学哲学系助理教授、研究员、博士生导师,中国人学学会秘书长、北京大学中国特色社会主义理论体系研究中心研究员、济宁干部政德学院"尼山学者"。主要研究方向是马克思主义哲学史、社会发展理论等。曾著有《马克思恩格斯〈德意志意识形态〉研究读本》《社会发展的全球审视》等学术专著,在《哲学研究》等核心期刊发表论文 30 余篇。

代序

马克思主义可以这样学

马克思主义应该怎样学？马克思主义经典著作应该怎样读？北京大学马克思主义学院以博士生的"马克思主义经典著作研读"课为抓手，进行了积极的探索，走出了一条"读原著、学原文、悟原理"的新路子，逐步形成了马克思主义理论专业人才培养的"北大模式"。

北京大学具有学习、研究和传播马克思主义的光荣传统。北京大学是中国马克思主义的发祥地，是中国共产党最早的活动基地，是中国马克思主义理论教育的诞生地。1920年，李大钊在北大开设了"唯物史观""工人的国际运动与社会主义的将来""社会主义与社会运动"等马克思主义理论课程和专题讲座，带领学生阅读马克思主义经典著作，公开讲授和宣传马克思主义。李大钊在北大所做的这些工作，与拉布里奥拉在意大利罗马大学、布哈林在苏俄红色教授学院、河上肇在日本京都帝国大学进行的马克思主义理论教学和研究工作，共同开启了马克思主义理论进入高校课堂的先河。

一百多年过去了，一代代的北大人始终把学习研究和宣传马克思主义作为自己的崇高使命，始终把马克思主义经典著作的学习研读作为教育教学的一项重要内容。2014年5月4日，习近平在北京大学师生座谈会上的讲话中指出，北京大学是新文化运动的中心和五四运动的策源地，是这段光荣历史的见证者。长期以来，北京大学广大师生始终与祖国和人民共命运、与时代和社会同前进，在各条战线上为我国革命、建设、改革事业作出了重要贡献。2018年5月2日，习近平总书记在北京大学考察时指出，北京大学是中国最早传播和研究马克思主义的地方。中国共产党的主要创始人和一些早期著名活动家，正是在北大工作或学习期间开始阅读马克思主义著作、传播马克思主义的，并推动了中国共产党的建立。这是北大的骄傲，也是北大的光荣。由此我们可以看到，北大具有学习研究和传播马克思主义的光荣传统，具有与祖国和人民共命运、与时代和社会同前进的光荣传统，具有爱国、进步、民主、科学的光荣传统。因此，如果要讲北大传统，首先就是马克思主义的传统；如果要讲北大精神，首先就是马克思主义的精神。北大学习研究和传播马克思主义的精神和传统始终与马克思主义经典著作的研读和学习紧紧结合在一起。

2018年5月2日，习近平总书记视察北大马克思主义学院时指出："高校马克思主义学院就是要坚持'马院姓马，在马言马'的鲜明导向和办学原则，为巩固马克思主义在意识形态领域的指导地位，推动马克思主义进校园、进课堂、进学生头脑，发挥应有作用。"在习近平总书记重要讲话精神的指导下，北京大学马克思主义学院逐步确立了以"埋首经典，关注现实"为基本理念、以马克思主义经典文献学习研读为重要内容的马克思主义卓越人才培养的"北大模式"。其中加强和完善"马克思主义经典著作研读"课程，并对研究生、特别是博士研究生进行马克思主义经典著作的中期考核成为北大博士生培养的一个重要环节。

北京大学马克思主义学院的学生究竟怎样学习马克思主义基本原理？怎样阅读马克思主义经典著作呢？

习近平总书记指出："学习理论最有效的办法是

读原著、学原文、悟原理。"要学好马克思主义理论，就必须要读马克思主义经典作家的原著，学马克思主义经典作家的原文，悟马克思主义基本原理。一句话，就是必须要学好马克思主义经典著作。"马克思主义经典著作"这门课一直是我国高校马克思主义学院研究生的核心课程。北大给硕士生开设的马克思主义经典著作课叫"马克思主义经典著作导读"，给博士生开设的马克思主义经典著作课叫"马克思主义经典著作研读"。我负责博士生的"马克思主义经典著作研读"课始自2010年秋季。一开始是我一个人讲，后来孙蚌珠、孙代尧老师加入进来，再后来马克思主义基本原理所、马克思主义发展史所的老师们也陆续加入到了本课程的教学和研究工作中。博士生的"马克思主义经典著作研读"课程的学习时间是一年，学习阅读的文本有30多篇。北大学习研读经典文本的基本方式是在学习某一文本之前，先由学生来做文献综述，通过文献综述把这一文本的文献概况、主要内容、学界争论的焦点问题、学者研究的基本方法和形成的基本范式梳理概括出来。呈现给读者的这套《读原著、学原文、悟原理》丛书，就是北京大学马克思主义学院2016级博士生在"马克思主义经典著作研读"课程学习过程中,在授课老师指导下围绕所学的马克思恩格斯经典文本完成的成果结集。授课教师从2016级博士生的研读成果中精选出了优秀的研究成果,经反复修改完善,以"读原著、学原文、悟原理"作为丛书书名出版。

本丛书收录了从马克思高中毕业撰写的三篇作文到恩格斯晚年撰写的《路德维希·费尔巴哈和德国古典哲学的终结》等代表性著述20余篇。这20篇著作是北京大学马克思主义学院马克思主义理论一级学科各专业和政治经济学、科学社会主义与国际共产主义运动专业博士生必修课"马克思主义经典著作研读"的必学书目。丛书作者对这20余篇著作的研究状况和研究内容的梳理、概括和总结,基本上反映了北大"马克思主义经典著作研读"课程的主要内容,展现了北大马克思主义学院博士生学习研读马克思主义经典著作的基本情况,是北大博士生阅读马克思主义经典文本、学习马克思主义基本原理的一个缩影。在某种意义上说,这些成果体现了北大马克思主义学院博士生学习马克思主义经典著作的基本方式。因此,我们可以自豪地说,马克思主义经典文本可以"这样读",马克思主义基本原理可以"这样学"。

本书对马克思恩格斯每一时期文本的介绍和阐释主要是围绕以下四个方面的内容展开的。一是对马克思恩格斯这一文本的写作、出版和传播等主要情况的介绍和说明,二是对这一文本的主要内容的介绍和提炼,三是对国内外学者关于这一文本研究的基本方法、形成的基本范式和切入点的概括总结,四是对国内外学者在这一文本研究过程中所涉及到的一些具有争议性的问题或焦点问题的梳理和辨析。在每一章的后面,作者又较为详细地列出了该文本研究的主要参考文献,也就是关于每一个文本的代表性研究成果。本书力图从以上四个方面入手,尽可能客观全面地展示国内外学者关于马克思恩格斯这些经典文本的研究状况、研究结论和研究方法,以期对马克思主义学院师生学习、研读马克思主义经典著作提供参考和借鉴。

马克思主义理论是我们做好一切工作的看家本领,也是领导干部必须普遍掌握的工作制胜的看家本领。我们期望这套20本的"读原著、学原文、悟原理"丛书能够在这方面给大家提供一些积极的启示和有益的帮助。

孙熙国
2022.2

目 录 | CONTENTS

一、文献写作概况　　001

二、文献内容概要　　011

三、研究范式　　045

四、焦点问题　　050

一、文献写作概况

全名《德谟克利特的自然哲学和伊壁鸠鲁的自然哲学的差别》(本篇特简称"《博士论文》"),是马克思从1840年到1841年完成撰写并以此被授予博士学位的一篇哲学论文。

谈到《博士论文》的写作背景,就得从19世纪30年代黑格尔哲学的分裂和青年黑格尔运动的兴起开始说起。对于黑格尔体系在德国思想界所产生的影响,恩格斯曾经说过:"正是从1830年到1840年,'黑格尔主义'取得了独占的统治,它甚至或多或少地感染了自己的敌手;正是在这个时期,黑格尔的观点自觉地或不自觉地大量浸入了各种科学,也渗透了通俗读物和日报,而普通的'有教养的意识'就是从这些通俗读物和日报中汲取自己的思想材料的。"[①] 正是在黑格尔主义在德国的影

---

① 《马克思恩格斯文集》第4卷,人民出版社2009年版,第273页。

响达到顶点的年代，黑格尔哲学发生了分裂："到30年代末，他的学派内的分裂越来越明显了。"① 这种分裂的具体表现就是，在黑格尔主义的体系下出现了相互对立的两派，即老年黑格尔派和青年黑格尔派。老年黑格尔派大多是黑格尔的弟子和朋友，他们的任务就是在黑格尔死后继续编辑黑格尔的遗作，阐述黑格尔的思想。这些人更多关注黑格尔的哲学体系而不是他的辩证法，把黑格尔哲学看作穷尽一切的真理，试图用黑格尔的学说来证明基督教神学。在政治上，他们把普鲁士的封建国家看作世界理性的体现，并因此竭力维护现存制度。而青年黑格尔派主要是当时的青年知识分子，他们抓住了黑格尔哲学中的"自我意识"概念，强调黑格尔的辩证法，反对他的体系，并且试图用各种各样的方法来改造黑格尔哲学。因此，在政治上，青年黑格尔派"在反对虔诚派的正统教徒和封建反动派的斗争中一点一点地放弃了在哲学上对当前紧迫问题所采取的超然态度，……斗争依旧是用哲学的武器进行的，但已经不再是为了抽象的哲学目的；问题已

---

① 《马克思恩格斯文集》第4卷，人民出版社2009年版，第273页。

经是直接要消灭传统的宗教和现存的国家了"①。青年黑格尔派的运动,在当时的德国社会产生了重大的影响,它"一方面对一切宗教信仰给予严厉的批评,使基督教的古老建筑根本动摇,同时又提出了德国人从未听到过的大胆的政治原则,并且企图恢复第一次法国革命时期的已故英雄们英雄的荣誉"②。青年黑格尔派运动,肇始于大卫·施特劳斯的《耶稣传》,施特劳斯通过对原始基督教的考察,认为《福音书》中的记载,特别是其中关于耶稣事迹的记载大多是不可靠的,这些内容是原始基督教团体在无意识中所形成的神话创作。这种无意识的集体的神话观念通过《福音书》的传播,获得了历史的外衣。正因为宗教呈现出历史的外观,所以黑格尔才会把耶稣基督作为联系着精神和自然界的具体观念的象征,作为绝对精神发展过程中的一个环节,作为"神—人"之间的中介,并认为这种象征具有普遍性的意义。施特劳斯的《耶稣传》从哲学上指出,正因为基督教的所有一切神迹都不过是无意识附会的结果,耶稣只是一个特殊的、唯

---

① 《马克思恩格斯文集》第4卷,人民出版社2009年版,第274页。
② 《马克思恩格斯文集》第4卷,人民出版社2009年版,第362页。

一性的现实的历史人物，《福音书》和耶稣所代表的只是无意识的"实体"在历史上一个环节。在施特劳斯看来，世界历史的真正的基础只能是自我运动的实体，实体通过整个人类的一切高级精神活动的总和来实现，人类历史就是实体的自我运动的过程。施特劳斯的观点一出，当然受到了来自正统派的猛烈攻击。但同时，它也遭遇到了来自青年黑格尔派内部的攻击。布鲁诺·鲍威尔认为，虽然施特劳斯批判了基督教，但他的批判是不彻底的，因为施特劳斯理论落脚点的"实体"其实依然是一种泛神论的"类"的概念。鲍威尔沿着施特劳斯的论证思路，指出《福音书》的虚构并非无意识的集体观念，而是作者的有意识的创作，是这些作者自我意识的产物。同时，耶稣也并不是一个历史人物，而是纯粹虚构的文学形象，因此也不可能赋予《福音书》以实体基础。在鲍威尔看来，不是实体，而是自我意识，才是世界历史发展中起决定性作用的力量，"实体只是体现'自我'的局限性和有限性的转瞬即逝的火焰。运动不是由实体完成的，而是由自我意识完成的，自我意识才是真正无限的，它把实体的普遍性当作自己的本质，包摄于自身""只有人的自我意识才成为一切,才是一切"①。正因为鲍威尔对自我意识的高度重视,鲍威尔哲学又被认为是自我意识哲学。相较于施特劳斯的实体哲学还与宗教存在着暧昧模糊的距离,自我意识哲学显然更具有革命性,作为"单纯的自为的存在",自我意识哲学在理论上要求揭露和消除一切现存事物中的不合理性的东西,并且按照自我意识的纯粹的批判否定性要求"最后的无限制的发展"。"在四十年代的最初几年中,自我意识的立场,无疑在德国理论界占有极其重要的地位,对于否定基督教德意志世界的思想解放,产生了举足轻重的影响。"②当时正在大学学习的马克思,也不可避免地受到了这一时期德国思想界的这些思潮的影响。

1835年10月,马克思进入波恩大学学习,一年之后转入柏林大学。在最初,马克思对于黑格尔哲学并不那么认同,在给父亲的信里,马克思写道:"先前我读过黑格尔哲学的一些片段,我不喜

---

① [法]奥古斯特·科尔纽:《马克思恩格斯传》第1卷,刘丕坤等译,生活·读书·新知三联书店1963年版,第296页。
② 吴晓明:《马克思早期思想的逻辑发展》,人民出版社2016年版,第83页。

欢它那种离奇古怪的调子。"① 但是在1837年春天，马克思在柏林郊外的施特拉劳渔村养病期间，他从头到尾读了黑格尔的著作和黑格尔大部分弟子的著作，并在和朋友聚会的时候接触到"博士俱乐部"，这使得马克思不仅加深了对黑格尔哲学的研究，更直接同青年黑格尔派发生了联系。"博士俱乐部"是青年黑格尔派激进分子的组织，马克思在这里结识了布鲁诺·鲍威尔、卡尔·弗里德里希·科本、麦克斯·施蒂纳、莫·赫斯等人，并很快成为"博士俱乐部"的核心成员之一。加入"博士俱乐部"以后，马克思一面参与青年黑格尔派的活动，另一面进行自己的理论研究。尽管马克思的专业是法学，但是他显然对哲学更感兴趣。

对于伊壁鸠鲁学派、斯多葛学派和怀疑论学派的研究兴趣，其实是当时青年黑格尔派共同的研究兴趣。黑格尔在《哲学史讲演录》中，就把包括伊壁鸠鲁学派、斯多葛学派和怀疑论学派在内的后亚里士多德哲学视作一种自我意识哲学，认为这些哲学体现了个体借助自我意识达到自由的思想。可这

---

① 《马克思恩格斯全集》第47卷，人民出版社2004年版，第13页。

里黑格尔是从贬义的角度谈论后亚里士多德时代的自我意识哲学的,青年黑格尔派则不然,他们赋予了后亚里士多德哲学更为重要的意义。先前已经提到,鲍威尔的哲学被认为是自我意识哲学,当时的"博士俱乐部"成员大多也和鲍威尔持类似的观点。青年黑格尔派对伊壁鸠鲁学派、斯多葛学派和怀疑论学派的哲学的研究,其实是借由对历史上的哲学的研究来表达这个时代他们自己的观点,进而为他们的政治主张提供依据。马克思在1841年底到1842年初在为《博士论文》起草新的序言的时候曾经说过:"只是现在,伊壁鸠鲁派、斯多葛派和怀疑论派体系为人理解的时代才算到来了。他们是自我意识哲学家"[1]"这些体系合在一起形成自我意识的完整结构"[2]。出于这个理由,鲍威尔曾经专门研究过伊壁鸠鲁学派、斯多葛学派和怀疑论学派同基督教之间的关系,科本也在《弗里德里希大帝和他的反对者》当中论述过这三个流派与古代社会的内在联系。当时作为"博士俱乐部"成员的马克

---

[1]《马克思恩格斯全集》第40卷,人民出版社1982年版,第286页。
[2]《马克思恩格斯全集》第1卷,人民出版社1995年版,第16页。

思，选择以伊壁鸠鲁哲学作为自己博士论文研究的选题，也是自然而然的事。后来马克思在给拉萨尔的信中曾经回顾自己这一段的研究经历，"在古代哲学家中，我认为他（赫拉克利特）仅次于亚里士多德。[较晚的]哲学家——伊壁鸠鲁（尤其是他）、斯多葛派和怀疑论者，[我]曾专门研究过，但与其说是出于哲学的兴趣，不如说出于[政治的]兴趣。"①

从1838年底起，马克思开始为论文的写作着手资料收集工作。1839年，马克思在阅读了大量哲学史相关著作之后，写下了七本笔记。虽然这些笔记后来被统一命名为"关于伊壁鸠鲁哲学的笔记"，但其实笔记的内容囊括了整个古希腊晚期和古罗马时期的哲学，笔记里大量摘录了与伊壁鸠鲁学派、斯多葛学派和怀疑论学派相关的古代作家的著作，也插入了不少马克思自己的观点。在这些笔记里，马克思摘录了第欧根尼·拉尔修、塞克斯都·恩披里柯、普鲁塔克、卢克莱修、约翰·斯托贝、鲁齐乌斯·安涅乌斯·塞内加、西塞罗等作家的著作，

---

① 《马克思恩格斯全集》第29卷，人民出版社1972年版，第527页。

内容包括了对伊壁鸠鲁的生平及其哲学的评述和古希腊哲学家亚里士多德、德谟克利特、苏格拉底、柏拉图和毕达哥拉斯等的观点。本来在马克思的计划里,他想要写成一部详尽分析伊壁鸠鲁学派、斯多葛学派和怀疑论学派的哲学及其相互关系的哲学史专著,但是受限于"一些外在的原因"[①],他决定缩小选题范围,即将研究内容限定在德谟克利特和伊壁鸠鲁的自然哲学的比较,并于1841年3月写出了以《德谟克利特的自然哲学和伊壁鸠鲁的自然哲学的差别》为题的博士论文。但马克思并没有放弃他本来的写作计划,在《博士论文》的序言当中,马克思表示:"不妨把这篇论文仅仅看作是一部更大著作的先导,在那部著作中我将联系整个希腊思辨详尽地阐述伊壁鸠鲁主义、斯多亚主义和怀疑主义这一组哲学。"[②]

1841年4月15日,马克思凭借《德谟克利特

---

① 《马克思恩格斯全集》第1卷,人民出版社1995年版,第10页。1841年初,马克思面临家庭拒绝为其提供经济资助的严重威胁,他的未婚妻燕妮也承受着家庭成员不能谅解她同马克思的婚约所施加的精神压力,出于经济压力和对未婚妻的深切关怀,马克思决定结束大学生活,接受毕业考试,尽快谋取一个社会公职以缓解这两方面的压力。
② 《马克思恩格斯全集》第1卷,人民出版社1995年版,第11页。

的自然哲学和伊壁鸠鲁的自然哲学的差别》的论文被耶拿大学授予哲学博士学位。耶拿大学哲学系主任卡·弗·巴赫曼教授在推荐书中写道:"学位论文证明该考生不仅有才智,而且知识广博,因此,本人认为该考生完全有资格获得学位。"①

《博士论文》完成之后,马克思本来打算在报刊上公开发表这篇论文,为此他专门写作了论文的《序》和《献词》。然而虽然做了很多努力,在马克思生前,《博士论文》并没有得到发表。在马克思和恩格斯死后,经过弗兰茨·梅林的整理,《博士论文》在1902年第一次公开发表于《卡尔·马克思、弗里德里希·恩格斯和费迪南·拉萨尔的遗著》1902年斯图加特版第1卷。在1902年斯图加特版中,梅林删去了大部分的作者注释,附录的残页也被删去。这些内容在《马克思恩格斯全集》1927年历史考证版第1部分第1卷第1分册里的《博士论文》才第一次被全文发表。现存的《博士论文》内容并不完整,它是一份由不知名的缮写者抄录的副本,内有马克思亲笔作的修改和补充,但

---

① 《马克思恩格斯全集》第1卷,人民出版社1995年版,第942页。

其中正文第一部分的第四章"德谟克利特的自然哲学和伊壁鸠鲁的自然哲学的一般原则差别"、第五章"结论"都遗失了，附录和作者的注释也没有完整地保存下来。

二、文献内容概要

《博士论文》的主要观点是，马克思对包括黑格尔在内的西方哲学长期以来对伊壁鸠鲁派、斯多葛派和怀疑论派体系的偏见提出了质疑，认为恰恰是伊壁鸠鲁派、斯多葛派和怀疑论派的"这些体系是理解希腊哲学的真正历史的钥匙"①。为此，马克思专门对德谟克利特和伊壁鸠鲁的自然哲学进行了批判性的比较考察，从中揭示伊壁鸠鲁自然哲学的深刻内涵，以此为例证明自己的观点。

在《博士论文》当中，马克思高度评价伊壁鸠鲁的自然哲学，特别重视伊壁鸠鲁提出的原子脱离直线的偏斜运动，认为原子的偏斜运动体现了自我意识的绝对性和自由，进而以此反对机械决定论，批判了宗教神学的命定论思想，展现了马克思

---

① 《马克思恩格斯全集》第1卷，人民出版社1995年版，第11页。

的彻底的战斗无神论的思想和对人的自由解放的追求。同时,《博士论文》中马克思理解、吸收和运用了黑格尔的辩证法的革命方法来分析和阐释伊壁鸠鲁的原子论哲学,深刻地把握了现象与本质、概念与内容之间对立统一的矛盾关系,揭示了物质世界的辩证运动过程。不仅如此,在方法论上,《博士论文》时期马克思就已经开始有意识地运用联系和矛盾的观点看问题,当他在谈论原子的时候,原子不是抽象孤立的个体,而是处在与其他原子发生相互关系的、在自身运动变化过程中的关系物。这与后来马克思在《关于费尔巴哈的提纲》当中提出的"人的本质不是单个人所固有的抽象物,在其现实性上,它是一切社会关系的总和"的观点是一脉相承的。总的来说,《博士论文》虽然是马克思早期的作品,不管是在内容还是方法上都还有不少不成熟的地方,但此时的马克思已经开始在吸收黑格尔合理思想的基础上寻求"哲学的世界化"也就是革命地改造世界,找到了改变现存社会制度并对它施加积极影响的方法论原则,为科学理论的形成做了准备。

现存的《博士论文》包括以下几个部分的内容:

献词，序言，正文的第一部分、第二部分，以及最后的附注。下面按照顺序对《博士论文》的内容进行具体介绍。

(一)献词和序言

《博士论文》的一开始，是1841年马克思在写完《博士论文》的正文之后，准备发表《博士论文》的时候所写的一份献词。这份献词的对象，按马克思在开头所写的，是"敬爱的慈父般的朋友""政府枢密顾问""特里尔的"路德维希·冯·威斯特华伦先生，也就是燕妮的父亲即马克思未来的岳父。献词中说，之所以要把这篇文章献给威斯特华伦先生，是因为马克思他"已经没有耐心再等待另一个机会来向您略表我的敬爱之忱了"①，马克思高度地赞扬了威斯特华伦勇敢、理性和坚毅，并真诚地祝福他身体健康。

献词后面是马克思为《博士论文》的出版所写的序言。在序言的一开始，马克思就提出，他认为他的这篇博士论文的意义在于，"我已经解决了一个在希腊哲学史上至今尚未解决的问题"②。为什么

① 《马克思恩格斯全集》第1卷，人民出版社1995年版，第9页。
② 《马克思恩格斯全集》第1卷，人民出版社1995年版，第10页。

过去的学者们都没有能够解决这个问题？因为过去的关于伊壁鸠鲁哲学研究，人们总是在重复"西塞罗和普鲁塔克所说过的废话"①，而伽迪桑虽然把伊壁鸠鲁从非理性当中解放出来，却竭力使伊壁鸠鲁的理论同宗教相适应，所以也没有办法揭示出伊壁鸠鲁哲学真正的意义和价值，这篇论文解决了这个问题。但是马克思原本的写作计划要更为宏大，他想要"联系整个希腊思辨详细地阐述伊壁鸠鲁主义，斯多亚主义和怀疑主义这一组哲学"②。为什么要写作这样一本哲学史著作？是因为马克思认为黑格尔的哲学史在涉及这三个学派的地方存在不足。这种不足的成因一方面是因为黑格尔宏大的体系妨碍他对每一个个别细节都深入研究，另一方面是因为黑格尔哲学中那些"主要称之为思辨的东西的观点"也妨碍了黑格尔认识"上述体系对希腊哲学史和整个希腊精神的重大意义"。在马克思看来，伊壁鸠鲁哲学、斯多葛学派和怀疑论哲学是"理解希腊哲学真正历史的钥匙"，所以马克思有必要专门写作这样一本著作。然后，马克思特别提到为什么

---

① 《马克思恩格斯全集》第1卷，人民出版社1995年版，第10页。
② 《马克思恩格斯全集》第1卷，人民出版社1995年版，第11页。

要把普鲁塔克对伊壁鸠鲁神学的论战的文章附在正文后面,是因为这篇论文表明"神学化的理智对哲学的态度",这恰恰是马克思想要用这篇论文回应的对象。在这里马克思表达了自己对哲学的认识,传达了马克思高扬自我意识,反对宗教神学的立场,"哲学自己的格言,表示它反对不承认人的自我意识是最高神性的一切天上的和地上的神。不应该有任何神同人的自我意识相并列"[①]。最后,马克思以希腊神话中的普罗米修斯的形象表达了自己维护哲学地位的决心和意志。

接下来是《博士论文》的目录,由于《博士论文》的部分内容佚失,因此只能通过这一目录对原本的论文结构进行全面的了解。在目录中,《论德谟克利特的自然哲学和伊壁鸠鲁的自然哲学的差别》论文正文包括两个部分,第一部分"德谟克利特的自然哲学和伊壁鸠鲁的自然哲学的一般差别"下设五章,"一、论文的对象""二、对德谟克利特的物理学和伊壁鸠鲁的物理学的关系的判断""三、把德谟克利特的自然哲学和伊壁鸠鲁的自然哲学等

---

① 《马克思恩格斯全集》第1卷,人民出版社1995年版,第12页。

同起来所产生的困难""四、德谟克利特的自然哲学和伊壁鸠鲁自然哲学的一般原则差别""五、结论"。第二部分"论德谟克利特的自然哲学和伊壁鸠鲁的物理学在细节上的差别"下面也有五章内容,"第一章原子脱离直线而偏斜""第二章原子的质""第三章不可分的本源和不可分的元素""第四章时间""第五章天象"。附录的标题是"评普鲁塔克对伊壁鸠鲁神学的论战",下面分成三个部分,"前言""一、人同神的关系"和"二、个人的不死"。从目录记载的论文结构来看,马克思在写论文的时候思路是极其清晰的,采取了"总—分"的论证方式,第一部分是从总体上论述德谟克利特和伊壁鸠鲁的自然哲学的一般性的原则差别,第二部分则是从五个方面对德谟克利特和伊壁鸠鲁的自然哲学进行具体的细节上的考察。这两部分的论述共同完成了对论文的主题,即对德谟克利特和伊壁鸠鲁自然哲学的差别的全面的考察。

(二)正文的第一部分"德谟克利特的自然哲学和伊壁鸠鲁的自然哲学的一般差别"

1. 论文的对象

马克思最先说明的是,为什么要选取伊壁鸠鲁哲学作为自己的博士论文的主题。他回溯了以往西方哲学史研究当中对古希腊晚期哲学的刻板印象,"伊壁鸠鲁派、斯多葛派、怀疑派几乎被看作一种不合适的附加物""伊壁鸠鲁哲学似乎是德谟克利特的物理学和昔勒尼派的道德思想的混合物;斯多亚主义好像是赫拉克利特的自然思辨和昔尼克派的伦理世界观的集合,也许再加上一点亚里士多德的逻辑学;最后,怀疑主义则仿佛是同这两种独断主义相对立的必不可免的祸害"[1]。但马克思则指出,即便要把这几种哲学理解为是繁荣极盛之后不可避免的"衰亡",也不能不对这些哲学的内容进行认真的考察。更何况,伊壁鸠鲁主义、斯多葛主义和怀疑主义实际上具有重要的历史意义,它们是希腊化时期的特殊现象,是罗马精神的原型,它们理应得到研究者的尊重和重视,这是这篇论文之所以选择伊壁鸠鲁哲学进行研究的原因。那么,马克思从哪个方面入手来研究伊壁鸠鲁哲学呢?"这里要研究的是它们同更古老的希腊哲学的联系"[2]。之所以如此,是因为马克思意识到虽然古希腊晚期哲学与

---

[1] 《马克思恩格斯全集》第1卷,人民出版社1995年版,第15页。
[2] 《马克思恩格斯全集》第1卷,人民出版社1995年版,第15页。

"较早的思辨"有着密切的联系和复杂的关系，并且对希腊哲学的主观形式，对其性质有着重要的意义，可是以往的研究者却几乎没有在这个方面进行过深入的研究。因此，马克思选择以伊壁鸠鲁的自然哲学同德谟克利特的自然哲学的关系问题为例，来说明古希腊晚期哲学与更古老的希腊哲学之间的"贯穿到极其细微之处的本质差别"①。

2.对德谟克利特的物理学和伊壁鸠鲁的物理学的关系的判断

这一部分的内容，相当于这篇论文的研究综述或者研究概况，马克思以古人对德谟克利特和伊壁鸠鲁的物理学的关系的观点为例，说明过去的研究者对德谟克利特和伊壁鸠鲁自然哲学的关系的态度。比如斯多葛派的波西多尼乌斯、尼古拉和索蒂昂指责伊壁鸠鲁的学说只不过是窃取了德谟克利特的原子学说和亚里斯提卜关于快乐的学说，科塔认为伊壁鸠鲁的物理学是对德谟克利特物理学的简单重复，西塞罗则更进一步说，伊壁鸠鲁的物理学除了德谟克利特的内容之外就是对德谟克利特的"损

---

① 《马克思恩格斯全集》第1卷，人民出版社1995年版，第18页。

害和败坏",普鲁塔克也对伊壁鸠鲁充满了"类似的敌意和暗讽"。这些观点影响了中世纪和近代的作家,他们也同样认为,伊壁鸠鲁作为一个自然哲学家,仅仅是德谟克利特的剽窃者。"大家一致认为,伊壁鸠鲁的物理学是从德谟克利特那儿抄袭来的。"①

3. 把德谟克利特的自然哲学和伊壁鸠鲁的自然哲学等同起来所产生的困难

对于这样的传统观点,马克思显然是不满意的,如果说伊壁鸠鲁的物理学完全是抄袭的结果,"这样就留下了一个奇特的、无法解开的谜""多么不合逻辑啊!"②所以第一部分的第三章,马克思要说明的就是,伊壁鸠鲁的自然哲学并不能简单地和德谟克利特的自然哲学等同起来。他首先开宗明义地提出了自己的观点,伊壁鸠鲁的自然哲学和德谟克利特的自然哲学,"在一切方面,无论涉及这门科学的真理性、可靠性及其应用,还是涉及思想和现实的一般关系,他们都是截然相反的"③。这是马克思对待伊壁鸠鲁和德谟克利特的自然哲学的关系的

①② 《马克思恩格斯全集》第1卷,人民出版社1995年版,第20页。
③ 《马克思恩格斯全集》第1卷,人民出版社1995年版,第20页。

基本观点。在提出自己的总的看法之后，马克思具体论述了这种"截然相反"的差异的三个要点：

一是在"关于人类知识的真理性和可靠性"问题的判断上，德谟克利特是一个怀疑论者，这一点也体现在他的自然哲学里。德谟克利特在论述原子和感性的现象世界相互关系的时候，在他自己的自我意识里，原子的概念和感性直观互相敌对地冲突着。当他在说原子的时候，他认为只有原子的世界才是"真实的本原"，包括感性世界在内的"其余的一切"都是"主观的假象"；而当他在说感性世界的时候，由于原子世界不可感知，他又把感性现象当作"唯一真实的客体"。正是因为德谟克利特把外部世界的本体作为客观真实性的标准，但同时他所设定的作为外部世界的本质的原子又是不可感知的存在，而可感知的感性世界又只是表象，这一矛盾使德谟克利特不可避免地陷入了怀疑主义，他把感性世界变成主观的假象。与德谟克利特相反，伊壁鸠鲁在这个问题上是一个彻底的独断论者，他相信感官所得到的就是真实的东西，感性世界本身就是客观现象。

二是在关于"科学活动和实践"的方式上，在德谟克利特那里，尽管他把感性世界视为主观经验的假象，但由于真正具有客观性的原子世界我们无法直接把握，因此感性表象本身是我们唯一可以现实把握的实在的客体。正因如此，所以德谟克利特才尤其重视对感性世界的实证研究。因为感官很有可能欺骗我们，所以为了避免被假象欺骗，必须通过科学实验的方法，对我们所得到的感性材料进行经验实证。而"伊壁鸠鲁则以相反的形象出现在我们面前"，由于伊壁鸠鲁认为我们所感知到的就是真实的客观存在，那就无须进行实证性的研究，因为我们自己的感觉就可以把事实告诉我们。我们所要做的应当是发展我们的感觉，就是要"在哲学中感到满足和幸福"，进而"达到真正的完善"①。

三是在上述两点理论意识的差别的基础之上，在关于"思想同存在的相互关系"的反思形式上，德谟克利特的自然哲学把必然性看作现实性的反思形式，认为世界运行的命运、法则、天意、创造原则是必然性，"物质的抗击、运动和撞击就是这种必然性的实体"②。因此，德谟克利特在解释具体的

---

① 《马克思恩格斯全集》第1卷，人民出版社1995年版，第24页。
② 《马克思恩格斯全集》第1卷，人民出版社1995年版，第25页。

物理现象的时候，他的必然性就表现为作为相对的必然性而出现的决定论，就是说必然性通过"一系列的条件、原因、根据"等作为中介，从实在的可能性当中推演出来。与此相反，伊壁鸠鲁则坚持事物是偶然的，取决于"我们的任意性"。在伊壁鸠鲁看来，如果把世界看作必然的，那人就成了"命运的奴隶""应该承认偶然"[①]。但是，这种偶然性只可能表现为抽象的可能性，因为实在的可能性证明的只能是客体的必然性和现实性，只有抽象的可能性才能突破客体的必然性的限制，从做出说明的主体那里获得偶然性。它既不受客观现实，也无所谓是否会最终实现，因为他以主体为转移。正因为在实在的可能性当中无法得到偶然性结论，因此伊壁鸠鲁对于解释具体的物理现象并不感兴趣，他更关注的是从主体也就是人的思维那里得到符合抽象可能性性质的可能的东西。伊壁鸠鲁的自然哲学，虽然名为自然哲学，却并不关心作为客体的自然，反而关注作为主体的人的思维，这看起来不符合自然科学的规范要求，也因此伊壁鸠鲁的物理学在西方

---

① 《马克思恩格斯全集》第1卷，人民出版社1995年版，第26页。

思想史上饱受弊病。但马克思指出，不能忘记伊壁鸠鲁体系的整体性，这看起来并不"科学"的自然哲学恰恰是与伊壁鸠鲁的理论宗旨相契合的，"伊壁鸠鲁承认，他的解释方法的目的在于求得自我意识的心灵的宁静，而不在于对自然的认识本身"①。也就是说，伊壁鸠鲁的自然哲学本来就不是为了纯粹地研究自然，而是服务于他的伦理学，所以用所谓自然科学的标准去考察伊壁鸠鲁的自然哲学在原则方向上就是有问题的。

综合以上三个要点，马克思总结了德谟克利特和伊壁鸠鲁在自然哲学上的差异："这两个人在每一个步骤上都是互相对立的。一个是怀疑主义者，另一个是独断主义者；一个把感性世界看作主观假象，另一个把感性世界看作客观现象。把感性世界看作主观假象的人注重经验的自然科学和实证的知识，他表现了进行实验、到处寻求知识和外出远游进行观察的不安心情。另一个把现象世界看作实在东西的人，则轻视经验，在他身上体现了在自身中感到满足的思维的宁静和从内在原则中汲取自己知

---

① 《马克思恩格斯全集》第1卷，人民出版社1995年版，第28—29页。

识的独立性。但还有更深的矛盾。把感性自然看作主观假象的怀疑主义者和经验主义者，从必然性的观点来考察自然，并力求解释和理解事物的实在的存在。相反，把现象看作实在东西的哲学家和独断主义者导出只看见偶然，而他的解释方法毋宁说是倾向于否定自然的一切客观实在性。"①

那么，这些差异指示了我们什么呢？在这一段的最后一句话，马克思说："在这些对立中似乎存在着某种颠倒的情况。"②这一点他在1858年2月22日给拉萨尔的信里有进一步说明，"对伊壁鸠鲁则可以详尽地指出：虽然他是以德谟克利特的自然哲学为出发点，但是他到处都把问题要点颠倒过来。"③就是说虽然伊壁鸠鲁的自然哲学在一些基本的事实问题上似乎和德谟克利特主张同一学说，但由于采取了截然不同的推理方式，所以伊壁鸠鲁导出的结论和德谟克利特截然相反。

伊壁鸠鲁的自然哲学在何种程度上从德谟克利特自然哲学出发？是什么导致了伊壁鸠鲁导出的结论把理论的要点都颠倒过来？德谟克利特和伊壁鸠

---

①② 《马克思恩格斯全集》第1卷，人民出版社1995年版，第29页。
③ 《马克思恩格斯全集》第29卷，人民出版社1972年版，第529页。

鲁的自然哲学的实质性的差异究竟是什么？自我意识在这一过程中到底发挥了什么样的关键性作用？按马克思的行文脉络和第三章结尾的提示，第一部分的第四章和第五章论述的应该包括这些问题，但由于这两章手稿的佚失，所以这一部分的原意现在已无从考证。

（三）正文的第二部分"德谟克利特的自然哲学和伊壁鸠鲁的自然哲学的具体差别"

1. 原子脱离直线而偏斜

在第一部分当中，马克思从宏观的角度论述了德谟克利特和伊壁鸠鲁的自然哲学的一般性的差别，他不仅证明了德谟克利特和伊壁鸠鲁自然哲学从实质上是截然相反的，而且从一般原则上说明了只有伊壁鸠鲁的自然哲学才真正发挥出了自由意识的作用。接下来，在论文的第二部分，马克思从微观的角度在五个方面考察德谟克利特的自然哲学和伊壁鸠鲁的自然哲学细节上的差别，用以证明论文的主题，即德谟克利特的自然哲学和伊壁鸠鲁的自然哲学不仅在一般原则上是不同的，而且具体到理论的各个方面，也都是不一样的。

第一个差异就是，在原子的运动方式上，德谟克利特的原子有两种运动方式：直线式的下落和许多原子之间的相互碰撞。在德谟克利特看来，世界由虚空和在虚空中做直线下落运动的原子组成，较大的原子比较小的原子下落得快，就会因此撞上较小的原子，产生结合和分离。原子的结合和分离带来了事物的产生和消亡。虽然这里涉及了原子的两种运动，但总体上德谟克利特的原子运动遵循的是直线下落的方式。而伊壁鸠鲁则提出了原子运动的第三种形式——原子偏离直线的运动。"原子脱离直线而偏斜把伊壁鸠鲁同德谟克利特区别开来了。"[1]伊壁鸠鲁所提出的原子运动的这一形式，在以往的作家那里长期受到误解乃至嘲笑，西塞罗说这是伊壁鸠鲁的"幼稚的虚构"，皮埃尔·培尔也说这是伊壁鸠鲁的臆造。马克思认为，这种误解产生的原因是这些作家把伊壁鸠鲁的原子偏斜运用理解得"太表面化和太无内在联系了"，要解决这个问题必须"来考察一下偏斜本身"。

在单纯的直线式的下落运动过程中，包括原子在内的每一个物体，都丧失了其本身的实在性，

---

[1] 《马克思恩格斯全集》第1卷，人民出版社1995年版，第29页。

"直线,即简单的方向,是直接的自为存在的扬弃"①。固然原子在直线运动中被赋予一个"相对的定在"因而获得其物质性,但这种定在是被另一个定在所规定的定在。定在(Dasein),是黑格尔的术语,指的是"限有",是"具有规定性的存在"②。但是,原子的本性不应当只在于空间性,不应当只存在于直线的规定之中,原子本身是绝对的、直接的自为存在。所以如果要恢复原子的现实性,就必须恢复原子概念里的"否定的纯粹个别性",要让原子的存在"恰恰与定在不同,它与这种定在相反"③。"抽象的个别性只有从那个与它相对立的定在中抽象出来,才能实现它的概念——它的形式规定、纯粹的自为存在、不依赖于直接定在的独立性、一切相对性的扬弃。"④这本来是概念的推演,但是由于伊壁鸠鲁的理论是在"直接存在的范围内进行活动",因此这种抽象的对立的规定就"被当作直接现实性"而相互对立起来。在直接存在的范围里,与原子相对立的那种否定性的存在就是直

---

①③《马克思恩格斯全集》第40卷,人民出版社1982年版,第119页。
② [德]黑格尔:《小逻辑》,贺麟译,商务印书馆1982年版,第202页。
④《马克思恩格斯全集》第1卷,人民出版社1995年版,第35页。

线，就是直线下落运动，否定这一运动的只可能是另一种运动，也就是脱离直线的偏斜运动，这也是原子的独立性的要求，直线下落运动表现的仅仅是定在中的存在，只有原子偏斜运动才是原子的特殊的质。"伊壁鸠鲁以原子的直线运动表述了原子的物质性，又以脱离直线的偏斜实现了原子的形式规定，而这些对立的规定又被看成是直接对立的运动。"[1] 所以，马克思引用了卢克莱修对伊壁鸠鲁的原子偏斜运动的评价，原子的偏斜运动"引起打破命运的束缚的运动，以便使原因不致接连不断地产生"[2]，"偏斜正是它胸中能进行斗争和对抗的某种东西"[3]。换言之，正是看似仅仅是直接存在范围里的原子的偏斜运动，使原子从"命运的束缚"当中解放出来，正如马克思在"关于伊壁鸠鲁的笔记"里说的，"'偏离直线'就是'自由意志'""这种偏斜不是在空间一定的地点、一定的时间发生的，它不是感性的质，它是原子的灵魂"[4]。

---

[1] 《马克思恩格斯全集》第1卷，人民出版社1995年版，第33页。
[2] 《马克思恩格斯全集》第1卷，人民出版社1995年版，第81页。
[3] 《马克思恩格斯全集》第1卷，人民出版社1995年版，第34页。
[4] 《马克思恩格斯全集》第40卷，人民出版社1982年版，第121—122页。

但是设定了原子偏离直线的运动会引发三种质疑：一是如果承认直接的感性世界里原子有两种运动方式——直线下落和偏斜运动，那么怎样界定哪些原子做直线运动，哪些原子做偏斜运动？为什么会出现这些原子个体的差异？这与原子作为世界的始源必须具备的一般性要求又出现了矛盾冲突。为了避免这种冲突，伊壁鸠鲁竭力把偏斜尽可能地说成是非感性的，"偏斜是既不在确定的地点，也不在确定的时间发生的，它发生在小得不能再小的空间里。"① 二是从直观的角度来说，原子的直线下落运动是一目了然无须解释的，但原子发生偏斜运动的原因却没有办法解释。西塞罗说："对于一个物理学家来说，再也没有比断言某物的产生是没有原因的更不光彩的事情了。"② 但是，关于这一点马克思在前面已经提到了，伊壁鸠鲁的自然哲学是为其伦理学服务的，是为了把世界从必然性的命运中解放出来的必要的规定。同时，偏斜运动是使原子成其自身的内在规定性，而原子作为本原在伊壁鸠鲁那里是理论的前提，探究偏斜运动的原因因此"显

---

① 《马克思恩格斯全集》第1卷，人民出版社1995年版，第34页。
② 《马克思恩格斯全集》第1卷，人民出版社1995年版，第82页。

然是毫无意义的"。三是认为伊壁鸠鲁用偏斜运动代替了原子本身的精神原则。马克思强调,偏斜运动是原子所谓精神原则的现实形式,脱离了偏斜运动,"原子的灵魂只是一句空话""偏斜表述了原子的真实的灵魂即抽象个别性的概念"①。这样,马克思对原子偏斜运动的质疑的三种观点一一予以了驳斥。

在确认了原子偏斜运动的合理性之后,马克思进一步表示,"原子脱离直线而偏斜不是特殊的、偶然出现在伊壁鸠鲁物理学中的规定。相反,偏斜所表现出的规律贯穿于整个伊壁鸠鲁哲学"②。因此,伊壁鸠鲁哲学在各个方面,都表现出了"脱离了限制性的定在"必然的偶然性,包括他的伦理学和神学。

从原子的偏斜运动当中可以得出什么样的结论呢?原子的偏斜运动是对原子同与它相对立的定在之间的必然性关系的否定,而这种否定又只能以肯定的形式表现出来,因此原子偏斜运动的必然结果就是原子与它们的唯一客体——也同样是一个

---

① 《马克思恩格斯全集》第1卷,人民出版社1995年版,第35页。
② 《马克思恩格斯全集》第1卷,人民出版社1995年版,第35页。

原子发生关系、发生碰撞,"众多原子的排斥"就是"偏斜的那个原子规律的必然是实现"①。原子正是通过与其他原子发生关系才使它的个别性按照自己的概念得到实现,因为当原子在直线下落的运动过程中,它本身是作为直线的一部分,是被规定的存在。偏斜运动使原子开始摆脱那个决定它的与它对立的定在。可是偏斜运动仅仅是原子"自在"的运动,是原子遵循一般运动规律的无意识的结果。只有当原子在偏斜之后与其他原子发生碰撞,原子才从其他原子那里找到其本身的特殊性,进入"自为"的存在。只有由于偏斜运动所导致的原子与其他原子发生排斥,才使某一个别的原子显示出自己的形式规定,成为纯粹的自为存在和不依赖于直接定在的独立性。这是原子的矛盾运动的过程,原子是通过这一过程把自己看作直接存在的抽象的个别的东西,因而这也是自我意识的形成过程,马克思说"排斥是自我意识的最初形式"②。

在原子的排斥运动当中,原子不再是直线运动和偏离运动过程中的抽象孤立的个体,而是处在与

---

① 《马克思恩格斯全集》第1卷,人民出版社1995年版,第36页。
② 《马克思恩格斯全集》第1卷,人民出版社1995年版,第37页。

其他原子发生相互关系的关系中的个体,即"关系物"。从这个视角来看,作为发生关系一方的原子,它在自己的运动过程中是主体,也就是"抽象的形式",而它在与之发生关系的对象的原子那里则是客体,即"抽象的物质"。因此,"在原子的排斥中,表现在直线下落中的原子的物质性和表现在偏斜中的原子的形式规定,都综合地结合起来了"[1]。

需要注意的是,伊壁鸠鲁的原子排斥运动和德谟克利特的原子的相互排斥和碰撞是不同的,德谟克利特的运动中的原子是纯粹必然性的实体,而伊壁鸠鲁则是在观念的方面在讨论原子的运动,"原子运动中消除了一切经验的条件"[2],这里原子的运动实际上是原子概念的自我规定的过程。因此,伊壁鸠鲁的原子偏斜从根本上改变了德谟克利特的原子论的内部结构,因为通过偏斜运动,原子的形式规定显现出来了,原子概念中所包含的矛盾也实现了。辩证法通过原子偏斜规律在原子的自我意识矛盾运动过程中得到了体现,虽然在伊壁鸠鲁这里辩证法还是以感性形式而不是理性形式存在的。

---

[1] 《马克思恩格斯全集》第1卷,人民出版社1995年版,第37页。
[2] 《马克思恩格斯全集》第40卷,人民出版社1982年版,第38页。

2.原子的质

上一章讲到原子通过直线、偏斜和排斥运动完成了"正—反—合"的辩证过程,从与其他原子的排斥关系当中完成了原子本身的独立性和特殊性。第二章讲的就是原子的这种特殊性的具体规定里德谟克利特和伊壁鸠鲁自然哲学的差别。

马克思首先明确的是伊壁鸠鲁在考察原子的质的时候遵循的是和德谟克利特不同的方法。从概念上说,作为世界始原的原子本不应当具有特性,"因为任何特性都是变化的,而原子却是不变的"[①]。但是,如前一章所说,被感性空间分离开来的众多原子在相互排斥的运动过程中,这些原子因为排斥运动获得了特殊性,使其与原子最初的纯本质直接不同,因此"它们必定具有质"。这就产生了一组矛盾,原子的概念与原子的质之间的内在矛盾。正是由于这种矛盾的存在,使原子发展成为"外化了的、与它本质不同的定在"[②]。矛盾是伊壁鸠鲁的兴趣所在,这种兴趣不仅体现在他在设定了原子的概念后又设定了原子的质,也体现在他对原子的特性

---

① 《马克思恩格斯全集》第1卷,人民出版社1995年版,第84页。
② 《马克思恩格斯全集》第1卷,人民出版社1995年版,第39页。

规定性的具体方面，"他把所有特性都规定成相互矛盾的"。从与原子概念相矛盾的外化了的原子的质出发，伊壁鸠鲁在确认原子的物质性的同时又设定了"一些对立的规定，这些规定又在这种特性本身的范围内把它否定了"①，结果原子的不同特性彼此间的矛盾反而又肯定了原子概念。从作为原子概念的否定形式的原子的质那里又引出了对原子概念的肯定，是原子遵循辩证法的否定之否定规律在自我运动中的自我扬弃的过程。伊壁鸠鲁不是像德谟克利特那样从现象世界的直观来说明原子的特性，而是从原子本身，从原子概念的辩证矛盾运动过程里来考察原子的特性的，因此伊壁鸠鲁对原子的特性的说明也处处存在着矛盾。

从原子本身出发，伊壁鸠鲁对原子特性有以下三种规定：第一，原子有体积，但原子的体积并不具有绝对性，"原子并不具有随便任何体积"②。因为原子是无法被观察到的，所以原子不可能是大的，而原子又不可能是最小限度的，因为最小限度是一个纯粹的空间规定。所以一方面伊壁鸠鲁承认原子

---

① 《马克思恩格斯全集》第1卷，人民出版社1995年版，第39—40页。
② 《马克思恩格斯全集》第1卷，人民出版社1995年版，第42页。

有体积，而且在体积上有某些差别，但另一方面这种体积上的差别只可能在一定限度内，超出这个限度也就超出原子概念的规定，每个原子之具有同样微小的体积，原子因此得以从外化的扬弃回归原子概念本身。第二，原子有形状，但是原子形状的数量不是绝对无限的，而是确定的和有限的。因为原子的数量是无限多的，如果原子的形状也是无限的，那么就必定会有无限大和无限小的原子，但原子的体积已经被确认是有限的，因此形状的规定也被否定了。原子有形状，但形状的数量是确定的和有限的，有无限多个具有同一形状的原子，原子形状的同一性使原子得以从外化的扬弃中回归原子概念本身。第三，原子有重力，但原子的重力只是作为不同的重量而存在，是原子的聚集的结果。一方面，因为"在重心里物质具有构成原子主要规定之一的观念上的个别性"，所以当原子外化到表象世界时，它们必定具有重力。但另一方面，原子的重力不同于地心引力的重力，它是"物质自身之外的观念上的点的物质个别性"[1]，所以原子本身就是实

---

[1] 《马克思恩格斯全集》第1卷，人民出版社1995年版，第43页。

体性的重心。因此，虚空中的单个原子本身不产生重力，原子的重力只可能发生在互相不同的众多原子的聚合之中，原子的重力是原子概念的外化扬弃的内在环节。

"所以，对原子特性的考察得出的结果同对偏斜的考察得出的结果是一样的，即伊壁鸠鲁把原子概念中本质和存在的矛盾客观化了，因而提供了原子论科学。"① 不同于德谟克利特，伊壁鸠鲁并不是在现象世界的物理学的维度对原子的特性进行经验观察，他关于原子特性的考察是从原子概念出发的思辨的逻辑推演，在马克思看来，伊壁鸠鲁使原子论从经验假设提升到了思辨的高度，所以他说伊壁鸠鲁提供了原子论科学。

3. 不可分的本原和不可分的元素

这一章马克思是从原子的种类及其结构的角度论述德谟克利特的自然哲学和伊壁鸠鲁自然哲学的差异。在德谟克利特看来，原子仅仅是一种物质基质，也就是构成物质的"元素"。但在伊壁鸠鲁那里，原子不仅仅只是构成物质的元素。在以往的

---

① 《马克思恩格斯全集》第1卷，人民出版社1995年版，第44页。

伊壁鸠鲁哲学研究中，有一种观点认为，在伊壁鸠鲁那里存在有两种不同的原子，即作为本原的原子和作为元素的原子，前者是"通过理智可以认识的原子"，也就是抽象概念的原子，它不占有任何空间；后者是作为现象世界的有体积有形状有重力的原子，也就是作为实体的组成物质世界的原子。马克思则指出，他并不否认原子存在着这两种区别，但这种区别并不说明有两种不同的原子，作为本原的原子和作为元素的原子是"同一种原子的不同规定"，换言之，是原子自己扬弃自己的不同阶段。

之所以会产生有两种不同的原子这样的误解，是因为伊壁鸠鲁的哲学论述"喜欢把一个概念的不同规定"以"不同的独立的存在"的方式表述出来，马克思举了"无限"这概念说明这一点，但要突破伊壁鸠鲁的这种表述方式，理解他的原子论的认识方式和理论实质。

在此基础上，马克思进一步指出，伊壁鸠鲁自然哲学的贡献恰恰在于他在原子的规定上区分了作为"本原"即原则的原子和作为"元素"即基础的原子。在伊壁鸠鲁那里，现象世界是通过原子概念当中所包含的存在与本质、物质与形式之间的矛盾的客观化和外化,从具有质的原子的排斥及其与排斥相联系的聚集中产生的,"现象世界只能从完成的并同自己的概念相背离的原子中产生"①。在这种从本质世界到现象世界的过渡里,作为本原的原子和作为元素的原子恰恰是同一原子在自身辩证运动不同阶段在两个世界的不同存在形式。因此,作为本原的原子和作为元素的原子不仅不代表伊壁鸠鲁原子论的矛盾,恰恰是伊壁鸠鲁自然哲学逻辑高度自洽的体现。反而是在德谟克利特那里只是作为元素而存在的原子表明德谟克利特只抓住了原子运动的其中一个环节。

4. 时间

在原子论哲学当中,时间是一个必须从原子概念中,从本质世界中排除掉的概念。因为如果把时间纳入原子的概念,那么原子就成了和现象世界一样不断地毁灭又不断地生成新的现象的东西,可是原子从其概念来说必须是一种固定的并且始终是基础的东西,原子必须被"假定为抽象个别的和完成的东西"②,是脱离了定在的束缚并且真正获得独

---

①② 《马克思恩格斯全集》第1卷,人民出版社1995年版,第50页。

立和自由的存在，而"只有从物质中抽掉时间这个因素，物质才是永恒和独立的"①。因此，在排除时间的立场上，德谟克利特和伊壁鸠鲁是一致的。但是，在怎样排除时间这个问题上，德谟克利特和伊壁鸠鲁又出现了差异。

德谟克利特的方式是把时间规定为永恒的东西，没有起始也没有终点。在德谟克利特那里，只有本质才是永恒性的，现象只不过是本质的主观幻觉，因此事物产生和消灭的时间性在德谟克利特那里只不过是现象世界所特有的，而在本质世界里时间是绝对的永恒的规定。但是，马克思指出，"成为绝对时间的时间就不再是时间性的东西了"，德谟克利特解释时间就是为了"取消时间"，他把具有时间性的时间从本质世界转移到作为"主观幻觉"的现象世界，也就把时间"移置到进行哲学思考的主体的自我意识中，而与世界本身毫不相干了"②。显然，德谟克利特通过这种转移回避了时间问题，这种解决方式是不能令人满意的。由于德谟克利特取消了时间，因此他对于现象自然界仅仅理解为原子

---

① 《马克思恩格斯全集》第1卷，人民出版社1995年版，第51页。
② 《马克思恩格斯全集》第1卷，人民出版社1995年版，第51页。

在空间内的组合形式，其结果是，现象世界要么与本质世界相混淆，要么与本质世界完全分开。

伊壁鸠鲁则与之不同。正如前文所说，在伊壁鸠鲁看来，现象世界是本质世界的原子概念内在矛盾的客观化的结果，是原子矛盾运动的一个环节。所以，虽然伊壁鸠鲁同样从本质世界中排除了时间，但他并不因此就否定时间性，相反，在伊壁鸠鲁那里，时间是"现象的绝对形式"，是现象世界的实体作为自身反映的变化，是现象世界自我发展的主动形式。正是因为时间的存在，实体才会产生、发展以至消亡，而原子正是通过现象世界实体的产生到消亡，才得以完成它从原子概念外化为不同特性的定在中的原子，又自我扬弃回归到原子概念的辩证运动过程，自我意识也只有经过这一过程才能够得以产生。"也就是说，时间是把一切确定的定在加以抽象、消灭并使之返回到自为存在之中。"①

伊壁鸠鲁的时间观的意义在于，由于他把时间和空间、现象的主动形式与现象的被动形式对立

---

① 《马克思恩格斯全集》第1卷，人民出版社1995年版，第52页。

起来，现象自然界与本质自然界就能够以一种现实的形式内在地联系起来，通过作为现象自身反映的时间，现象得以以本质的异化的形式存在，"这种异化本身是在它的现实性中作为这种异化表现出来的"[①]。由于这种内在联系被建构起来，现象自然界就可以正当地被当作客观的，感性知觉就可以正当地被当作具体自然的实在标准，伊壁鸠鲁的独断主义因此得到了证明，"感官是具体自然中的唯一标准，正如抽象理性是原子世界中的唯一标准一样"[②]。

5. 天象

德谟克利特和伊壁鸠鲁自然哲学的差异，还反映在他们的天文学见解上。德谟克利特的天文学是纯粹经验反思的结果，因此他的天文学与他的原子学说是分离的。包括德谟克利特在内的整个希腊哲学，都遵从着一种对天体的崇拜，认为天体永远按照统一方式运行因而是永恒的和不朽的，并因此赋予了天体以宗教神学的含义。在这一点上，伊壁鸠鲁不仅与德谟克利特不同，他反对的是整个希腊民

---

① 《马克思恩格斯全集》第1卷，人民出版社1995年版，第52页。
② 《马克思恩格斯全集》第1卷，人民出版社1995年版，第54页。

族的观点。

在伊壁鸠鲁看来,自然哲学的研究必须通过追寻现象,从现象出发进而推断出原理。对天体的研究有一个不同于其他的物理学问题的研究的特点,那就是天象的产生不能归结于一个简单的原因,这是因为天体的现象本身就表现为各个天体可以时而这样时而那样的无规律地运行。正因如此,忽视天体现象的多种多样和没有秩序的特点,坚持统一性的解释方式,认为天象是永恒和神性的东西的人,"正在陷入虚妄的解说和占星术士的毫无创见的戏法",并因此扰乱了自我意识的心灵的宁静,"一个必然的、不可避免的结论就是",天体"并不是永恒的"①。但是如果伊壁鸠鲁坚持这一点,那么他的理论就会产生一个"更加难于理解的二律背反",因为天体符合伊壁鸠鲁对原子的一切规定,"天体就是成为现实的原子"。伊壁鸠鲁一方面要假定原子的存在是自然"不朽的基础",另一方面又要否定作为"现实的原子"的天体的永恒性和不变性,"这就是他最大的矛盾"②。

---

① 《马克思恩格斯全集》第1卷,人民出版社1995年版,第59页。
② 《马克思恩格斯全集》第1卷,人民出版社1995年版,第60—61页。

但也正是在这一点上,伊壁鸠鲁得到了他的自然哲学体系所达到的"最深刻的认识"。在之前的分析中可以看出,整个伊壁鸠鲁自然哲学是以本质与存在、形式和物质的矛盾贯穿始终的,原子依靠其概念内部矛盾的自我运动实现其自身的扬弃,现象世界在矛盾的运动中被产生出来,同时,自我意识也以"在物质的形态下同抽象的物质做斗争的抽象形式"的方式产生。"但是,在天体中这个矛盾消除了,这些互相争斗的环节和解了""物质已经同形式和解并成为独立的东西,个别的自我意识便从它的蛹化中脱身而出"[1],原本抽象个别性的自我意识被赋予了具体的个别性和普遍性,成为它的具有物质形式的否定性的存在,变成了存在和自然的普遍的东西。"所以,只要作为原子和现象的自然表示的是个别的自我意识和它的矛盾,自我意识的主观性就只能以物质自身的形式出现;相反,当主观性成为独立的东西时,自我意识就在自身中反映自身,以它特有的形态作为独立的形式同物质相对立。"[2] 在这里,马克思实际上是以隐讳的批评的形

---

[1] 《马克思恩格斯全集》第1卷,人民出版社1995年版,第61页。
[2] 《马克思恩格斯全集》第1卷,人民出版社1995年版,第62页。

式在天象理论中伊壁鸠鲁自然哲学不可避免的矛盾里，肯定了伊壁鸠鲁自然哲学的深刻意义。

伊壁鸠鲁的自然哲学的原则，是自我意识的绝对性和自由，但这个自我意识只是在个别性的抽象形式上来理解的。一旦自我意识被赋予了物质的普遍的规定，正如原子论进入天象理论中那样，这个独立出来的自我意识就会立刻与物质相对立，此时伊壁鸠鲁的原则对他说来就不再具有现实性了。这是伊壁鸠鲁哲学的限度，由于抽象的、个别的自我意识在事物本身的本性中不可能占统治地位，所以"一切真正的和现实的科学当然就被取消了"。可是，也正因为这种限度的存在，使得伊壁鸠鲁哲学能够对宗教迷信保持彻底的批判态度，因为"一切对于人的意识来说是超验的东西，因而属于想象的理智的东西，也就全都破灭了"[①]。

也是在这个意义上，在整篇论文的最后，马克思高度评价伊壁鸠鲁，说他是"最伟大的希腊启蒙思想家"。

---

① 《马克思恩格斯全集》第1卷，人民出版社1995年版，第63页。

三、研究范式

《博士论文》是现存的马克思的第一部正式的哲学作品,也是青年马克思思想发展的重要体现,但在相当长的一段时间里,《博士论文》并不是马克思主义理论研究的重点,学术界把《博士论文》作为独立的研究对象进行文本研究还是相对晚近的事。

总的来说,《博士论文》的研究范式可归结为三类:一是以列宁、拉宾、奥伊泽尔曼等为代表的苏联教科书体系的解读模式;二是以阿尔都塞为代表的"断裂论"的解读模式;三是以黄楠森、孙伯鍨等为代表的文本学的解读模式。下面对这三种研究范式的产生及演变进行简要梳理。

在20世纪之前,对包括《博士论文》在内的马克思早期思想的研究寥寥无几,当时的学者中流传着一种看法,"马克思恩格斯早期的、不成熟的著作对理解马克思主义的实质没有什么特殊的价值"[①]。为了反驳这种观点,清楚地揭示马克思主义

[①] [苏]尼·拉宾:《论西方对青年马克思思想的研究》,马哲译,人民出版社1981年版,第30页。

的历史根源，梅林出版了马克思恩格斯的一系列早期著作，其中就包括《博士论文》。梅林指出，马克思早期著作的意义在于帮助人们理解青年马克思思想发展的具体历史条件，考察马克思科学世界观的形成过程。梅林认为马克思确立科学世界观的道路，就是他从黑格尔哲学的思辨概念的魔法下逐渐解放出来，用历史唯物主义和政治经济学的范畴去取代这些思辨概念，深刻认识经济过程这一社会生活现象的最终基础的实质本身。[1]在这一思想的指导下，梅林评价《博士论文》是一部"马克思还完全站在黑格尔哲学的唯心主义立场上"的作品，但此时马克思已经"在开始反对黑格尔"[2]。梅林的观点对列宁产生了重要影响，在那个研究资料极度匮乏的年代，列宁在很大程度上是通过梅林的整理来了解马克思的早期作品的。由于革命斗争的需要，列宁在研究马克思思想的时候，很大程度上把马克思思想发展史当作"成熟的"马克思主义理论的形

---

[1] [苏]尼·拉宾:《论西方对青年马克思思想的研究》，马哲译，人民出版社1981年版，第33页。
[2] [德]弗·梅林:《马克思传》，樊集译，人民出版社1965年版，第42页。

成史在考察，把马克思的早期作品"看作马克思主义形成的证据，是马克思为创立成熟的、发达的马克思主义而经历的道路上一连串井然有序的里程碑"[①]。列宁由此将马克思思想的成熟过程总结为马克思从唯心主义向唯物主义、从革命民主主义向共产主义的转变。而《博士论文》是这一转变过程的"出发点"。列宁认为，马克思在他的《博士论文》中还赞同青年黑格尔派的观点，所持的还完全是黑格尔唯心主义的观点。列宁的"两个转变"的研究结论与他的"线性式"的研究方法影响了苏联学界对马克思早期思想演变的研究模式，形成了苏联教科书体系的研究范式，这一范式以列宁和众多苏联学者如拉宾、奥伊泽尔曼为代表。

随着20世纪20—30年代以《1844年经济学哲学手稿》为代表的一系列马克思手稿的发掘，使得西方学者开始关注青年马克思思想。区别于苏联学界将这些手稿视为马克思不成熟的、受唯心主义支配的思想成果，西方人本主义的马克思主义学者尤其重视马克思早期的"异化"理论，甚至将早期

---

① ［苏］尼·拉宾：《论西方对青年马克思思想的研究》，马哲译，人民出版社1981年版，第42页。

马克思与后来写作《资本论》的成熟时期的马克思对立起来，认为相较于受困于经济决定论的晚期马克思，早期马克思思想对于资本主义文化批判而言更有价值。这样，到了 20 世纪 60—70 年代，就出现了两种针锋相对的青年马克思思想解读模式：苏联正统的马克思主义的解读模式与西方马克思主义的人本主义的解读模式。阿尔都塞认为，这两种解读模式本质上都是唯心主义的，"前者臆造出一种完成式的所谓哲学史理论作为辩解的论据，却没有看到这种假理论完全是黑格尔的理论"①，而后者则通过青年马克思来否定成熟时期的马克思。在《保卫马克思》和《读〈资本论〉》当中，为了正确揭示青年马克思思想发展进程，驳斥当时流行的错误观点，阿尔都塞提出马克思思想发展的"认识论断裂"，认为在 1845 年，马克思思想发生过一次认识论的断裂，发生了从意识形态向马克思主义科学的过渡和转换。根据这样的分期，《博士论文》时期的马克思显然还处于意识形态时期，是一个处在黑格尔荫蔽下的人本主义的唯心主义者。

---

① ［法］路易·阿尔都塞：《保卫马克思》，顾良译，商务印书馆 2010 年版，第 38 页。

受到历史因素的影响,中国的马克思主义研究曾经长期受苏联教科书体系的支配。伴随着改革开放以来的思想解放,中国的马克思主义研究者在反思现实问题的同时,在理论上也开始反思苏联教科书体系,并且在吸取西方马克思主义解读模式的优点的基础上逐渐发展出自己的文本学的马克思主义历史解读模式。这种解读模式的特点是不再预设理论研究的前提,而是回到马克思的文本本身,结合当时的社会历史环境去理解马克思。代表人物包括黄楠森、孙伯鍨、陈先达等学者。

目前,对于《博士论文》的研究,国内学界越来越重视。据统计,2000年以来,以马克思《博士论文》为对象的研究已发表了近百篇[①],围绕《博士论文》所出版的专著和硕、博士毕业论文的数量呈现上升的趋势,这些研究所关注的问题也从过去单一基于哲学史的角度研究马克思思想转变发展到了包括政治学、伦理学、宗教学等多角度、全方位研究。

---

① 裴植:《国内学者研究马克思"博士论文"成果综述》,载《长沙理工大学学报》(社会科学版)2014年第1期。

四、焦点问题

在前一部分已经说过,《博士论文》的研究曾长期作为青年马克思思想发展研究的附属部分而存在,要说明的问题是马克思如何成为一名马克思主义者。如何界定马克思写作这一作品的思想底色,其实也代表了研究者自身如何看待马克思主义,如何看待马克思主义与它的思想来源之间的关系。总的来说,《博士论文》研究的焦点问题可以大致划分为两部分:第一部分就是上文中提到的马克思主义思想史研究,即《博士论文》当中所体现的马克思当时思想与各种马克思主义思想来源之间的关系问题,包括《博士论文》与黑格尔的关系问题研究、与青年黑格尔派的关系问题研究、与法国启蒙思想的关系问题研究、与古典思想的关系问题研究;第二部分是基于《博士论文》文本本身的各种具体问题研究,包括自我意识与自由问题研究、哲学与世界的关系问题研究以及人的解放问题研究。下面将按照上述所罗列的焦点问题进行具体介绍。

(一)《博士论文》与黑格尔的关系问题研究

长期以来,几乎很少有人专门去研究《博士论文》。这不仅是因为《博士论文》直到1902年梅林整理出版《马克思恩格斯遗著》时才第一次公开发表，也是因为《博士论文》被认为是"不成熟"时期的马克思的作品。这种不成熟在很大程度上表现为马克思受黑格尔哲学影响。

众所周知，德国古典哲学特别是其中的黑格尔哲学是马克思主义重要的思想来源之一。青年马克思在书信中反复提及对黑格尔哲学的推崇，恩格斯也多次从侧面肯定了黑格尔对于马克思的影响，俄国文学家和翻译学家阿·沃登在《回忆马克思恩格斯》一书中记录了他同恩格斯的一次谈话："恩格斯在问了我是否对希腊哲学史感兴趣之后，答应给我叙述一下马克思的第一篇哲学著作。他于是不看手稿，但非常详细地叙述了马克思的博士论文……我问，马克思是否一度是一个真正的黑格尔主义者"，恩格斯对此的回答是："这篇学位论文可以让我们确定，马克思在自己创造的初期已经精通黑格尔的辩证法，不过在自己研究过程中还没有迫切感到要以唯物主义辩证法来代替黑格尔的辩证法，但就在那时，他在运用黑格尔辩证法方面已经是脱离黑格尔而完全独立自主了。"① 事实上，即使不需要这些辅证，《博士论文》当中马克思所使用的思辨语言与行文中展现的思辨逻辑也充分证明了黑格尔哲学的辩证法对于青年马克思思想的影响。《博士论文》受到黑格尔影响是毋庸置疑的，问题在于马克思是在何种意义上接受了黑格尔的思想，又在何种程度上发展了黑格尔哲学。

尽管梅林和普列汉诺夫注意到了《博士论文》当中马克思对黑格尔哲学的发展，但梅林在《马克思传》里还是认为："在这部著作中，马克思还完全站在黑格尔哲学的唯心主义立场上"②"完全根据黑格尔派哲学的观念论，姑不论他怎样牵强地解释物理现象，姑不论他怎样宣传抽象的自我意识，马克思承认自我意识抵消了一切真正的科学，因为贯通于事物的性质之中的并非个体的单一性"。③ 巴库拉杰也在自己的书中评价："马克思在青年时代是

---

① ［法］保尔·拉法格：《回忆马克思恩格斯》，马集译，人民出版社1973版，第387页。
② ［德］弗·梅林：《马克思传》，樊集译，人民出版社1965年版，第42页。
③ ［德］弗·梅林：《马克思传》，樊集译，人民出版社1965年版，第33页。

黑格尔哲学的绝对崇拜者。他的论伊壁鸠鲁的学位论文就是属于这个时期的。"[1]1914年，列宁在《卡尔·马克思》一文中指出："1841年大学毕业时提交了一篇论伊壁鸠鲁哲学的学位论文。马克思就当时的观点来说，还是一个黑格尔唯心主义者。"[2]列宁的观点直接影响了整个苏联的研究体系，特别是在《联共布党史简明教程》将马克思主义归结为辩证唯物主义和历史唯物主义之后，苏联学者的哲学史研究就转化为证明马克思是如何从一个"黑格尔主义者"一步步地向辩证唯物主义和历史唯物主义靠拢。

在这种基本研究思路下，《博士论文》时期马克思"是一个黑格尔唯心主义者"这点似乎已经无可辩驳，区别只是在于受黑格尔唯心主义影响的程度深浅。一部分学者认为马克思此时还完全受黑格尔的荫蔽，《博士论文》当中所展现的逻辑和语言都完全是"黑格尔式"的。奥伊泽尔曼在他的《马克思主义哲学的形成》一书中指出，马克思把原子描

---

[1] ［苏］巴库拉杰：《论马克思哲学观点的形成问题》，于文译，科学出版社1958年版，第25页。
[2] 《列宁选集》第2卷，人民出版社1995年版，第414页。

述为抽象的自在存在本质是把黑格尔逻辑学的"范畴"概念应用于原子论。马克思把原子概念同黑格尔关于存在的学说联系起来,古代的原子论就成为表象的哲学,"原子"的概念实际上成为和"绝对精神"一样为论证人类的自由所必需的原则。虽然奥伊泽尔曼也认可《博士论文》包含反唯心主义的倾向,但"它绝不是证明马克思这时已经接近了唯物主义思想",马克思"这时仍站在唯心主义立场上,没有看到宗教压迫和对于人的一切奴役的物质根源。认为能消灭压迫的力量是自我意识、精神活动,这种活动的一个必要和高级的形式,在他看来就是革命的实践"①。换言之,此时马克思的"实践"概念指的只是精神活动,这是奥伊泽尔曼指认《博士论文》的主旨是唯心主义的根源。费多谢耶夫在《卡尔·马克思》中认可马克思在一系列问题上走自己独立的道路,做出与黑格尔观点不同的结论,比如他的无神论和哲学观,马克思坚决反对宗教对人的束缚,认为哲学应该积极地对待生活,主张改造不合理的世界,强调哲学和生活的辩证统一,这

---

① [苏]奥伊泽尔曼:《马克思主义哲学的形成》,潘培新等译,生活·读书·新知三联书店1964年版,第54页。

是"关于理论和实践相互联系和统一这个未来学说的最初萌芽"。但是那时的"马克思总的来说还是一个唯心主义者、黑格尔派……当时黑格尔在马克思看来,还是一个权威,还把他称之为'伟大的思想家'"①。

但是,另一方面,由于过去哲学史研究的目的是说明马克思如何从一个黑格尔主义者向辩证唯物主义和历史唯物主义的转变和发展,因此也有一部分学者着重强调马克思在《博士论文》中所表现出来的对黑格尔的超越以及其中所蕴含的历史唯物主义的萌芽,在论述的时候往往侧重于马克思与黑格尔之间的差异,特别是马克思在《博士论文》中表达出的独创性思想,以此来突出马克思思想的革命性。

尼·拉宾考察了马克思写作论文的背景,认为马克思选题的内在含义是洞察时代趋势的结果。马克思分析的德谟克利特与伊壁鸠鲁产生观点差异的原因在于社会时代不同,这与马克思当时所处的时代背景正好契合,这是马克思选题的原因。马克思

---

① [苏]彼·费多谢耶夫:《卡尔·马克思》,孙家衡等译,生活·读书·新知三联书店1980年版,第19—20页。

从唯心主义出发，发现"在原子的排斥中，表现在直线下坠的原子的物质性和表现在偏斜中的原子的形式性规定，都综合地结合起来了"①。这种原子运动的形式使得唯物主义与运动、发展、自由等概念综合地结合起来，这是马克思的唯物主义的最初萌芽。而"历史进程是哲学意识同经验世界相互作用的结果"这一论断则是马克思对黑格尔的超越的最初表现，马克思不满足于单纯的自我意识的精神运动，要求将这一运动的结果应用于现实。最后作者提到，马克思在笔记里做出的哲学预言，"应该欢迎在三十年代下半期展开的哲学斗争，应该懂得这场斗争的进步性和必然性"②，认为这体现了《博士论文》的社会政治意义，是马克思作为革命民主主义者的实践活动的理论准备。

格姆科夫著的《马克思传》高度赞扬了马克思的无神论观点，强调"虽然马克思对黑格尔的唯

---

① ［苏］尼·拉宾：《马克思的青年时代》，南京大学外文系俄罗斯语言文学教研室翻译组译，生活·读书·新知三联书店1982年版，第40页。
② ［苏］尼·拉宾：《马克思的青年时代》，南京大学外文系俄罗斯语言文学教研室翻译组译，生活·读书·新知三联书店1982年版，第46页。

心主义辩证法给予很高的评价,但仍认为它绝不是哲学发展的终极,而是哲学向前发展的出发点和基础"[①]。而对于普罗米修斯的推崇表现了马克思的民主主义立场和为全体人民的利益而斗争的决心。

陶贝特认为,《博士论文》时期的马克思的方法是使现实隶属于哲学、使现实依赖于哲学,是"在哲学和现实世界无限的矛盾发展的意义上运用黑格尔的客观唯心主义辩证法,并以此阐述社会发展的一般规律性"[②]。但是,区别于黑格尔和青年黑格尔派的是,马克思更为彻底地坚持了黑格尔的观点。这看起来有点难以理解,但马克思在《博士论文》中批判黑格尔的地方就在于,他没有彻底地坚持自己的辩证法,黑格尔为了体系的完整牺牲了辩证法的彻底性,塑造出了"绝对精神"的存在。而马克思则不同,他深入研究黑格尔的辩证法和客观唯心主义的合理成分,理解黑格尔对人类史和哲学思想史的历史态度,避免把自我意识绝对化为人类发展

[①] [德]海因里希·格姆科夫:《马克思传》,易廷镇、侯焕良译,人民出版社1978年版,第23—24页。
[②] 沈真主编:《马克思恩格斯早期哲学思想研究》,中国社会科学出版社1982年版,第264页。

的动力，并为其后来正确理解人类社会历史发展规律埋下了伏笔。

以卢卡奇为肇始的西方马克思主义虽然也特别强调辩证法的作用以及黑格尔对于马克思的影响，但与苏联的马克思主义研究不同，西方马克思主义在涉及这一点的时候往往更侧重于黑格尔对马克思在研究方法上的影响。

汤姆·洛克曼在他的《马克思主义之后的马克思》中认为，正统的马克思主义的理解存在重大方向性错误，马克思思想始终以黑格尔为主线，"这种努力是贯穿在马克思著作中的一个永恒维度，仿佛对马克思来说，与黑格尔对话是永无止境的任务"[①]。具体到《博士论文》来讲，洛克曼认为，马克思在这篇文章中采取的完全是黑格尔式的叙述，他在文中所涉及的概念诸如"差异""自然哲学"和"自我意识"都是受黑格尔强烈影响的产物。在《博士论文》中，所有的叙述都围绕着差异的概念展开，"从意识或者对他物的意识，比如对某个对象的意识，到自我意识或者对自身意识的转变，黑

---

① [法]汤姆·洛克曼：《马克思主义之后的马克思》，杨学功、徐素华译，东方出版社2008年版，第73页。

格尔称之为自我的确定,对黑格尔来说,这种转变是理性发展的先决条件"①,马克思在《博士论文》中继承了这样的观点。与洛克曼的观点不同,丹尼尔·莱文则认为,恰恰在《博士论文》当中,伊壁鸠鲁的原子"偏斜运动"成为马克思离开黑格尔的历史哲学的决定性观点,他打破了黑格尔的同一性哲学,表明了马克思自己的哲学方案。马克思综合了反黑格尔主义和亲黑格尔主义两种态度,保留黑格尔的方法论,同时改写这位"大师"思想的某些方面。②

西方马克思主义对机械决定论的拒斥使之尤其强调"异化"概念在马克思主义当中的地位,并进而衍生出了人本主义的马克思主义这一流派。出于对人本主义的马克思主义和苏联的马克思主义解释模式的不满,阿尔都塞基于他独创的"认识论断裂"的文本分析法,将马克思思想阶段进行了划分,而《博士论文》则被划分为意识形态时期的马

---

① [法]汤姆·洛克曼:《马克思主义之后的马克思》,杨学功、徐素华译,东方出版社2008年版,第75页。
② [美]丹尼尔·莱文:《不同的路径:马克思主义与恩格斯主义中的黑格尔》,臧峰宇译,北京师范大学出版社2009年版,第222、250—254页。

克思思想范畴。

苏联的解读模式对我国的马克思主义学界产生了深远影响,这一点也反映在对《博士论文》的定位和解读上,但是随着改革开放的思想解放,我国的马克思主义研究者也开始反思苏联教科书体系的不足,并在吸收西方马克思主义优秀成果的基础上发展出中国特色的文本解读模式。

黄楠森在《马克思主义哲学史》中虽然认为写作《博士论文》时期的马克思还是一个唯心主义者,把自我意识当作决定一切的力量,试图用黑格尔的观点来解决偶然性和必然性,但已经体现出了独立创新精神和革命民主主义的哲学观点。事实上,使马克思区别于其他青年黑格尔派的正是他的革命民主主义立场,马克思关注的是全体人民的利益。其次,在哲学世界观上,青年黑格尔派分子满足于纯理论的批判,马克思却在吸收黑格尔合理思想的基础上重点论述了二者的辩证统一,提出了"哲学的世界化与世界的哲学化"宣言,看重自我意识与现实、哲学与世界、人和自然的联系,以思辨形式对人的本质力量进行理论表达、在抽象形态上把握人和自然的真实关系,这就找到了改变现存制度并对它施加积极影响的方法论原则,从而为科学阐明人在自然和社会中的地位和作用做了准备。①庄福龄在《简明马克思主义史》中认为,《博士论文》表明了马克思与黑格尔唯心主义者的不同,特别是其中的自由思想和无神论观点,突出强调了通过哲学批判改造世界的重要意义,世界的合理发展只有通过精神和现实的结合才能实现。②高光在《马克思恩格斯早期著作研究》中认为,《博士论文》的哲学思想表明了马克思的世界观源于黑格尔,但又出现了明显超越黑格尔的趋向,马克思把自我意识看作只是客观精神所采取的主观形式,特别珍视和吸收了黑格尔哲学中的辩证法,但"他在博士论文中开始超越黑格尔,具有反思辨的萌芽,在解决哲学与现实的关系上向前迈开了第一步"。这里作为佐证的同样是马克思的革命民主主义和战斗无神论的立场和马克思对哲学和现实问题的回答,即"从哲学和外部世界的相互作用出发,主张哲学应

---

① 黄楠森等编:《马克思主义哲学史》第1卷,北京出版社1996年版,第102、109—115页。
② 庄福龄主编:《简明马克思主义史》,人民出版社1999年版,第38页。

当转向现实,实现自身、改造现实"①。

陈先达、靳辉明认为,《博士论文》的基本观念是强调理念的力量,"在这篇论文中,我们既可以看到马克思思想中的黑格尔影响,看到马克思和青年黑格尔派的共同点,又可以看到它们的分歧和差别,看到马克思称为马克思的那种独立不羁的创新精神的萌芽"②。这种萌芽体现在马克思对于自我意识和现实关系问题的看法上,"黑格尔虽然反对康德、费希特的看法,看到两者之间的辩证关系,但趋向于现实调和;而青年黑格尔派则把自我意识凌驾于现实之上,重蹈主观唯心主义的覆辙。马克思看到了自我意识与现实的相互作用。他强调哲学应当干预生活,反对把哲学封闭在自己的体系之外,认为哲学为实现自己的冲动做鼓舞,要把自己内在的光转变为向外燃烧的火焰,并提出了'世界的哲学化'和'哲学的世界化'的问题"③。尽管这

---

① 高光等:《马克思恩格斯早期著作研究——从〈博士论文〉到〈德意志意识形态〉》,中共中央党校出版社1992年版,第48页。
② 陈先达、靳辉明:《马克思早期思想研究》,北京出版社1983年版,第29页。
③ 陈先达、靳辉明:《马克思早期思想研究》,北京出版社1983年版,第32页。

一时期马克思关于哲学和世界关系问题的基本立场还是唯心主义的,但"当马克思强调自我意识,把宗教看成自我意识的异化,是一种唯心主义的历史观。通过突出自我意识把人看成能动的主体,比起把人看成受自己的本性支配的纯客体,比起把人看成一部机器,更容易通向历史的真理"①,也就是说更容易通向唯物主义。另外,青年黑格尔派的"自我意识"理论归根结底是资产阶级的意识形态,但马克思从一开始就想要成为解放全人类的"普罗米修斯"。陈先达透过马克思此时的世界观与理论的内在潜力之间所蕴含的冲突总结出了"两个矛盾",在马克思写作《博士论文》时存在两个矛盾:一个是他的无神论同唯心主义之间的矛盾;另一个是马克思的政治立场和世界观之间的矛盾,两个矛盾的存在是促使马克思继续研究的动力,而两个矛盾的最终解决则意味着科学世界观的确立。

孙伯鍨将这种内在张力归结为马克思哲学观的两次转变,认为马克思的早期哲学思想经历了从"康德—费希特哲学"到"黑格尔哲学",再到"费

---

① 陈先达:《走向历史的深处:马克思历史观研究》,中国人民大学出版社2010年版,第52页。

尔巴哈式的自然唯物主义"的转变,《博士论文》时期的马克思已从"康德—费希特哲学"转变为"黑格尔哲学",也即处于"黑格尔唯心主义"的体系之下。在《马克思主义哲学的历史和现状》中,孙伯鍨认为,马克思此时所持的还完全是黑格尔唯心主义的观点。黑格尔哲学本质的东西是被他对"圆满"体系追求所束缚的辩证的发展观,《博士论文》中的马克思初步拿起了辩证法这一武器,开始构造了一门正在形成和发展中的科学。"显然,马克思在这里是根据黑格尔辩证法结构去理解伊壁鸠鲁的原子论的,突出地表现了重视个别自我意识的整个青年黑格尔派的立场""试图在黑格尔哲学的基础上实现主体、客体的统一,并摆脱它的神学倾向和与之关联的宿命论观点"①。马克思这般努力的结果是,他发展出了一条区别于其他青年黑格尔派的独特道路,首先是他重视感性和经验的个别性,把普遍性、个别性和否定性三者结合起来,寻求"定在中的自由";其次,在对哲学和现实的相互关系理解上,马克思改造了作为非理性现实的武器的行

---

① 孙伯鍨、侯惠勤:《马克思主义哲学的历史和现状》,南京大学出版社 2004 年版,第 32、37 页。

动哲学，没有把精神同现实割裂并赋予自我意识以绝对的意义，而是要赋予内容以主体性的形式，通过主体形式同现实发生积极的关系。这样，马克思把历史进程理解为哲学意识同感性意识相互作用的结果，表现为哲学和现实世界的相互作用。在《探索者道路的探索》中，孙伯鍨认为，《博士论文》表现出马克思在这一时期的四个思想特点：第一，在自我意识问题上，马克思提出要把普遍性、个别性和否定性三者结合起来，并且重视感性和经验的个别性；第二，在自由问题上，马克思批评了伊壁鸠鲁从经验个别性向抽象个别性的倒退，认为自由必须客观化，自由必须通过必然才能实现，强调"定在中的自由"；第三，在思维和存在的关系问题上，马克思发挥了黑格尔的辩证法思想，"尽管他在论文中的论证是唯心主义的，但从中仍然可以看到一种可能性，这就是唯物主义与辩证法、物质与运动、必然与自由等最终都可以在唯物主义的基础上统一起来"[1]；最后，在哲学与现实的关系问题上，马克思特别强调哲学与世界的相互作用，把历史看

---

[1] 孙伯鍨：《探索者道路的探索》，南京大学出版社2002年版，第83页。

作这种相互作用的结果。总的来说,"博士论文中,马克思虽然也是从黑格尔哲学出发转向自我意识,但始终珍视黑格尔哲学的积极内容——把世界看作一个有机联系的整体和辩证发展的过程"①,对彻底的辩证法的维护和唯物主义思想的萌芽预示着他后来思想的发展方向。

作为孙伯鍨学生的张一兵同样支持两次转变的研究思路,"黑格尔的哲学是青年马克思哲学思想真正起步之理论基石""此时的青年马克思头上的魔咒还没解除,因为他在基本的逻辑关系上还像黑格尔一样肯定精神主体本质异化(对象化)的""原子实际上成了自我意识的逻辑主体,黑格尔那种观念异化式地产生出世界的思路起了关键性的作用",马克思这里是基于黑格尔的逻辑构架去充分肯定自我意识(本质)、通过异化而实现自身的。②尽管马克思的自我意识哲学是从黑格尔出发的,但是马克思通过伊壁鸠鲁哲学历史地论证了黑格尔本质学说的真理性,论证了自我意识哲学对黑格尔哲学进行

---

① 孙伯鍨:《探索者道路的探索》,南京大学出版社2002年版,第66页。
② 张一兵:《马克思历史辩证法的主体向度》,武汉大学出版社2010年版,第31、33、36页。

革命化改造的真理性，可以说《博士论文》是青年马克思自我意识哲学的哲学史实现，马克思实际上是借助希腊哲学史中的伊壁鸠鲁的自我意识哲学传达自己的自我意识哲学。具体来说，通过"定在中的自由"，马克思"为自我意识哲学建构出了一个由个别性、普遍性和否定性组成的完整结构"[①]，指出了哲学和现实的关系是双向的辩证过程，马克思通过对"原子脱离直线而偏离""原子的质""不可分的本原和不可分的元素"和"时间"等矛盾而辩证的论述，证明本质世界必然要向现象世界过渡。"独立地解释哲学和现实间辩证的相互作用，这就成了后来马克思世界观发展的重要出发点。"[②]

吴晓明在《马克思早期思想发展的逻辑》中结合文本本身指出，虽然马克思在写作《博士论文》时明确的主导原则是自我意识的立场，似乎倾向于鲍威尔以及鲍威尔身后的康德—费希特原则，但在关于费希特与黑格尔关系的核心问题上，马克思却坚持了黑格尔哲学当中实体和自我意识的统一、思维和存在的统一的原则，而不是走向实体和自我意

---

① 张一兵：《马克思哲学的历史原像》，人民出版社2009年版，第88页。
② 张一兵：《马克思哲学的历史原像》，人民出版社2009年版，第90页。

识的绝对对立。"马克思一方面要求彻底地否定一切实体化的上帝或神的观念,于是他诉诸'自我意识';然而另一方面,他又试图避开抽象自我意识在应有与现有之间所造成的尖锐对立,所以他便诉诸'思有同一'原则。因此,为了使这两方面能够暂时协调,马克思在当时保留思有同一原则时,一方面取消黑格尔赋予它的概念形式(绝对、上帝),另一方面主要发挥了相互作用(或有机进展)的观点——思维和存在、哲学和世界的相互作用('互相表现的逻辑力量')。"[①] 吴晓明将《博士论文》中马克思的矛盾归结为对黑格尔哲学的"双重态度":一方面,马克思断言黑格尔的理论是颠倒的,他将本来用于证明神不存在的理性变为神的存在的证明;另一方面,马克思又高度赞扬黑格尔是科学精神的体现者。这种矛盾也体现在《博士论文》的哲学立场上,一方面,马克思明白自我意识的立场在理论上会导致应有与现有的对立,是影响现实的科学;另一方面,马克思又认识到要批判实体化的基督教德意志世界,就必须产生一个彻底否定的自我

---

① 吴晓明:《马克思早期思想的逻辑发展》,人民出版社2016年版,第99—100页。

意识原则。这种矛盾体现为《博士论文》内容上的理论矛盾:"自我意识是真正的创造者主体或'自因',但自我意识又必须与世界相关联、相统一;这个统一者不是上帝或神的概念,而只能在相互作用的有机发展中得到体现。"① 这种矛盾在吴晓明看来虽然并不代表马克思思想发生根本变化,但在理论上却使马克思不同于纯粹自我意识的主观主义的其他青年黑格尔派,成为引导马克思后来理论发展的重要契机。

近年来,有关《博士论文》与黑格尔关系的学术论文比起论证马克思是否受黑格尔的影响,更多的是在认可此前提的基础上侧重于探寻马克思究竟在何种意义和何种程度上受到黑格尔的影响,其中典型代表是鲁克俭的论文《试论马克思对黑格尔逻辑学的创造性转化——以马克思〈博士论文〉为例》。他在论文中分析了马克思《博士论文》运用的逻辑,即"从现象(现实)上升到概念""从概念返回到现象(现实)",并将其同黑格尔逻辑学"从现实过渡到主观概念""从概念的主观性过渡到客观

---

① 吴晓明:《马克思早期思想的逻辑发展》,人民出版社2016年版,第103页。

性"相比较，认为"马克思借鉴了黑格尔概念论中的合理思想，将伊壁鸠鲁'自在的存在'的思想变成了'自觉的体系'"，指出"马克思的逻辑学并非对黑格尔逻辑学的简单运用，马克思在写作《博士论文》之前已经形成了自己的有别于黑格尔的逻辑学"①。赵凯荣、邢学军在《马克思博士论文的独特理论贡献——对黑格尔的超越以及自我意识哲学的新突破》一文中也比较了黑格尔与马克思的自我意识哲学，并以前者来解读后者②。

(二)《博士论文》与青年黑格尔派的关系问题研究

研究《博士论文》时期的马克思，绝不能忽略的一个问题是当时马克思作为青年黑格尔派分子的身份，这段经历对青年马克思的重要意义不言而喻，在之后的研究生涯中，马克思的重要任务之一就是批判青年黑格尔派。当然，在《博士论文》时期，马克思还没有同青年黑格尔派发生彻底的决裂，他们思想的联系还相当紧密，因此，要讨论

---

① 鲁克俭：《试论马克思对黑格尔逻辑学的创造性转化——以马克思〈博士论文〉为例》，载《哲学动态》2013年第6期。

② 赵凯荣、邢学军：《马克思博士论文的独特理论贡献——对黑格尔的超越以及自我意识哲学的新突破》，载《武汉大学学报》(人文社会科学版)2012年第3期。

《博士论文》，与青年黑格尔派的关系问题是无法绕开的话题。事实上，"几乎所有研究马克思的专家都一致认为，鲍威尔对马克思博士论文主题的选择以及对该文的见解是有影响的"①。

在《博士论文》的选题上，很多马克思主义哲学史的论著都认为，马克思在博士论文选题对于希腊化时期伊壁鸠鲁学派、斯多葛学派和怀疑论的关注，不仅源于他从青年时期就确立的个人兴趣，更主要的是来自当时青年黑格尔派共同的兴趣和思想趋向。比如鲍威尔研究了伊壁鸠鲁派、斯多葛派和怀疑论派哲学同基督教的关系，科本在1840年发表了《弗里德里希大帝和他的反对者》一书，其中把这三个流派看成反映古代社会内在本质的哲学派别。青年黑格尔派对于伊壁鸠鲁派、斯多葛派和怀疑论派的关注是有原因的，从社会背景来看，这三个学派产生于后亚里士多德的古希腊晚期，在这一时期，希腊城邦的民主生活已经不复存在，取而代之的是庞大的马其顿帝国，在极端缺乏民主和自由的政治生活中，他们只能借助于回到内心自由来寻

---

① ［波］兹维·罗森：《布鲁诺·鲍威尔和卡尔·马克思》，王谨译，中国人民大学出版社1984年版，第177页。

求心灵慰藉,这样的社会背景同当时青年黑格尔派所面对的高压统治下的德国是相似的;从思想史背景来看,在亚里士多德这一"百科全书式"的学者去世之后,古希腊思想界万马齐喑,恰似黑格尔死后的德国思想界一样,这三个学派从亚里士多德的阴影下发展出自己的学说,正如青年黑格尔派想要在黑格尔的阴影下走出自己的道路的目标一样,"亚里士多德以后的哲学和黑格尔之后的哲学之间的种种类似,肯定是布鲁诺·鲍威尔及其伙伴们为什么开始尽量利用这些体系来论证他们自己的哲学立场的起因"[①];从精神内核来看,这三个学派中的每一个都是对亚里士多德哲学的其中一方面的极端发展,但是自我意识是它们总的立场,其最终目的都是通过思维获得意识的自由即人的自由。这种自

---

① 沈真主编:《马克思恩格斯早期哲学思想研究》,中国社会科学出版社1982年版,第242页。需要指出的是,虽然这一观点由来已久,但也有学者对此提出反对意见,如西方学者麦克莱伦在他的《青年黑格尔派与马克思》当中就提道:"有一种说法,认为马克思选择这个论文题目,是因为他觉得他对整个黑格尔哲学的关系与亚里士多德之后的希腊思想家对整个亚里士多德哲学的关系是相同的。这种说法没有什么根据;马克思本人肯定没有这样说过。"参见[英]戴维·麦克莱伦:《青年黑格尔派与马克思》,夏威仪等译,商务印书馆1982年版,第71页。

我意识哲学以及对自由的追寻同青年黑格尔派的自我意识哲学的主张是契合的,"鲍威尔在书中一方面秉持黑格尔的余续,以希腊化时期的时代精神为背景理解基督教的产生与发展过程,另一方面又脱离黑格尔那个主客体统一的立场,把人的精神活动视为宗教的来源。科本在献给马克思的《弗里德里希大帝和他的反对者》中,较为深入地探讨了这些哲学体系和希腊生活之间的关联"①。博士俱乐部对这些体系的集体兴趣显然就是马克思论文选题的直接来源。同时,通过传记作者对鲍威尔在这一时期与马克思的一系列通信考察,认为"使马克思注意这个时期的哲学史的,无疑是鲍威尔"②"马克思研究宗教和哲学的时期正是他同布鲁诺·鲍威尔友好的时期,而且他的研究无疑是受到了鲍威尔的鼓励的"③。不过也有学者并不赞同这种观点,聂锦芳认为马克思的《博士论文》选题主要是受青年黑格尔派的影响,"实际上是一种按照先验解释模式判断

---

① 张一兵:《马克思哲学的历史原像》,人民出版社2009年版,第83页。
② [英]戴维·麦克莱伦:《青年黑格尔派与马克思》,夏威仪等译,商务印书馆1982年版,第14页。
③ [英]戴维·麦克莱伦:《青年黑格尔派与马克思》,夏威仪等译,商务印书馆1982年版,第71页。

具体思想行程的'粗梳'做法。其实，就当时的具体情况来说，马克思为了选择博士论文的研究题目曾经犹豫了很长时间，最终才选中了古代哲学史中的一个题目"①。但总的来说，学界主流观点还是认为马克思的《博士论文》的选题方向，是受到了青年黑格尔派的影响。

争议的焦点在于《博士论文》的内容，如上所述，《博士论文》中马克思主张的是一种自我意识哲学，他的自我意识哲学同青年黑格尔派的自我意识哲学存在什么样的关系。对于这个问题，兹维·罗森指出，尽管多数学者认同青年黑格尔派对《博士论文》有一定影响，但"他们又认为这种影响是非本质的、是可有可无的"②，而将更多的精力用于说明马克思不同于青年黑格尔派和发展了青年黑格尔派的地方。这其中的典型代表是科尔纽。科尔纽在《马克思恩格斯传》中先是指出马克思的《博士论文》与青年黑格尔派的关系，比如《博

---

① 聂锦芳：《清理与超越：重读马克思文本的意旨、基础与方法》，北京大学出版社2005年版，第58页。
② [波]兹维·罗森：《布鲁诺·鲍威尔和卡尔·马克思》，王谨译，中国人民大学出版社1984年版，第177页。

士论文》的序言中承认鲍威尔和科本的著作的价值是认识到了黑格尔所没注意到的"这些体系在希腊哲学中以及一般希腊精神的发展中起了怎样的决定作用"[①]。但紧接着,科尔纽就开始说明马克思超越了其他青年黑格尔派并开始批判他们的地方,"在探讨哲学的本质时,他研究了哲学同历史发展的关系,这里他含蓄地批判了鲍威尔对于自我意识发展的看法;鲍威尔按照费希特的解释方式,认为自我意识的发展是通过实体精神同周围环境的不断对立而进行的。反之,马克思遵循着黑格尔关于精神和具体世界之间具有不可分离的内在联系的原则,主张精神是通过与世界的一种特殊的相互作用而发展的"[②]。"在这里马克思已经含蓄地用这种哲学观点来对伊壁鸠鲁进行批判、来反对鲍威尔和很快就转向个人主义和无政府主义的一般青年黑格尔分子的世界观了。"[③]虽然《博士论文》时期的马克思和

[①] [法]奥古斯特·科尔纽:《马克思恩格斯传》第1卷,刘丕坤等译,生活·读书·新知三联书店1963年版,第191页。
[②] [法]奥古斯特·科尔纽:《马克思恩格斯传》第1卷,刘丕坤等译,生活·读书·新知三联书店1963年版,第193页。
[③] [法]奥古斯特·科尔纽:《马克思恩格斯传》第1卷,刘丕坤等译,生活·读书·新知三联书店1963年版,第194页。

鲍威尔及其他青年黑格尔分子一样，仍旧是自我意识哲学的坚定拥护者，但是不同于其他青年黑格尔分子退回到费希特的"自我"哲学，割裂开精神与现实，马克思认为自我意识哲学不应局限于批判世界，而应致力于改造世界。这种对哲学同世界之间的联系是辩证的看法，虽然仍是唯心主义的理解，但却是马克思关于人同周围环境相互作用的观念的第一步，并引导他后来走向辩证唯物主义和历史唯物主义。黄楠森在评价《博士论文》时也指出，"尽管它是马克思参加青年黑格尔派运动时期写的著作，但是在主要观点上同其他青年黑格尔派分子存在重大分歧。首先，和其他青年黑格尔派服务于资产阶级利益的自由主义不同，在政治观点上，马克思是一个革命民主主义者，关注全体人民的利益。其次，在哲学世界观上，青年黑格尔派分子满足于纯理论的批判，他们许多人在自我意识与现实的关系问题上，从黑格尔倒退到费希特，从而把自我意识和现实、人和周围环境严重地对立起来。而马克思却在吸收黑格尔合理思想的基础上重点论述了二者的辩证统一，这就找到了改变现存制度并对它施加积极影响的方法论原则，从而为科学阐明人在自然和社会中的地位和作用作了准备。"①

不同于上述观点,罗森认为,《博士论文》时期的马克思并没有和青年黑格尔派出现分歧,他完全拥护鲍威尔的立场,不仅在宗教批判问题上认为宗教异化的本质是把非人的特点投入宗教领域,并把这看作一种反动现象。在历史领域,马克思也同青年黑格尔派一样高度赞扬争取解放的自我意识,称赞伊壁鸠鲁是"最伟大的希腊启蒙思想家"。而在理论和实践的问题上,马克思和鲍威尔也保持着相同的立场,"认为批判是理论上的实践,或实践在实质上是理论的。马克思所以要提到把理论同实践统一起来,是因为理论只能批判现实而不能以彻底的方式改造现实"②。这些方面的一致性说明了马克思在《博士论文》中深受鲍威尔的影响。麦克莱伦则干脆认为《博士论文》中"并没有任何马克思特有的思想",这表现在一是马克思对于哲学的妥协的批判,鲍威尔关于纯粹否定的价值的学说在马

---

① 黄楠森等编:《马克思主义哲学史》第1卷,北京出版社1996年版,第102—103页。
② [波]兹维·罗森:《布鲁诺·鲍威尔和卡尔·马克思》,王谨译,中国人民大学出版社1984年版,第191页。

克思的论文中表现得很明显;二是马克思对黑格尔的态度,马克思对于黑格尔真正继承者的观点和鲍威尔在《最后审判》中区分了秘密的黑格尔和公开的黑格尔如出一辙;三是关于理论和实践关系的观点,马克思在《博士论文》中所说的"哲学上的实践本身就是理论的"和鲍威尔所说的"现在理论乃是实践的最强有力的形式"一模一样。"总之,马克思的《博士论文》表明,他那时不过是对鲍威尔的某些思想深有同感的一个普通的青年黑格尔分子罢了。"①

像罗森和麦克莱伦这样认为《博士论文》完全是青年黑格尔派思想的学者终究还是极少数,在讨论《博士论文》和青年黑格尔派关系这一具体问题上,更多的学者还是从青年黑格尔派对《博士论文》影响的某一或某几个方面出发来具体说明青年黑格尔派对当时马克思思想的影响。

帕纳休克特别强调青年黑格尔派的自我意识哲学对马克思的影响,"马克思像别的青年黑格尔主义者那样,当时处在个性和布鲁诺·鲍威尔观点

---

① [英]戴维·麦克莱伦:《青年黑格尔派与马克思》,夏威仪等译,商务印书馆1982年版,第75页。

的影响下，认为人类历史是世界合理化的进步过程，也是自由原则在这个世界中实现的过程"①。而哲学在这一过程中的作用尤其重要，如果理性在自己的发展过程中接近了自由，那么哲学就力图理解现实；但如果现实落后于哲学对世界的理解时，哲学就要通过批判的武器使现实得以按照理性的原则发展，这一公式实际上是马克思和青年黑格尔主义者共同的历史哲学公式，也是他们从黑格尔那里获得的精神遗产，"但是必须看到，青年黑格尔主义者们对这个公式作了重要的改造。如果说，黑格尔历史哲学中描述的历史过程在一定意义上是在个人意识范围之外实现的，那么，按照青年黑格尔主义者们的信念，人类个体有能力超脱自己终日奔忙的分散主义和利己主义，为实现共同目标而开始自觉地斗争。换句话说，青年黑格尔主义者们也像青年马克思那样，把个体的自觉的主动性看作由哲学规定在历史中实现其价值的过程所必不可少的组成部分。因此，个体作为把握历史过程的方向，在青年黑格尔主义者那里所担负的责任，就比在黑格尔那

---

① 沈真主编：《马克思恩格斯早期哲学思想研究》，中国社会科学出版社1982年版，第56页。

里所担负的责任要大得多"①。

杰米霍夫是从对待黑格尔的态度上来挖掘马克思和青年黑格尔派的共同点的,"在对待黑格尔的总的态度上,马克思完全站在青年黑格尔派一边。青年黑格尔派在当时有一定的革命性。这就是为什么马克思运用了自我意识这一概念,并坚决主张给作为这种自我意识表现的人和自然以崇拜。马克思完全赞同青年黑格尔派的看法,反对某种超自然的公式即黑格尔的逻辑,譬如说能预定现实自然界的发展"②。

广松涉认为,马克思在选题和方法上都受到鲍威尔自我意识哲学的影响和提示,是"在'博士俱乐部'的先辈鲍威尔和科本的怂恿下才写的",马克思把黑格尔的"绝对精神"演化为"自我意识",并以此概念把希腊时代的"自我意识"异化做了19世纪40年代的理解。因此马克思的博士论文还是"在鲍威尔的思想框架中构思出来的"③。

---

① 沈真主编:《马克思恩格斯早期哲学思想研究》,中国社会科学出版社1982年版,第57页。
② 沈真主编:《马克思恩格斯早期哲学思想研究》,中国社会科学出版社1982年版,第81页。
③ [日]广松涉:《青年マルクス論》,平凡社1971年版,第101页。

侯才从马克思参与了自我意识哲学的制定工作入手,指出鲍威尔和马克思在一些自我意识哲学的关键问题上存在一致,"有理由认为,鲍威尔对马克思《博士论文》的选题和写作发生了某种影响。更重要的显然还是在《博士论文》的内容方面"①。但是,他也认为《博士论文》当中隐藏了马克思同鲍威尔思想的差异和分歧,表现为两点:第一,马克思含蓄地批判了鲍威尔对人和世界、周围环境关系的不正确理解;第二,马克思在哲学体系同个别自我意识的关系问题上,"把改造现实世界和扬弃黑格尔哲学看作一个过程、一件事情的两个方面,把扬弃黑格尔哲学看作是对现实改造的必要前提"②。

朱学平在《马克思〈博士论文〉的政治意蕴探析》中结合当时德国思想界的实际情况和马克思的历史通讯内容,认为马克思对希腊化时期三个自我意识哲学学派的研究,是对德国自我意识哲学未来

---

① 侯才:《青年黑格尔派与马克思早期思想的发展》,中国社会科学出版社1994年版,第26页。
② 侯才:《青年黑格尔派与马克思早期思想的发展》,中国社会科学出版社1994年版,第35页。

进一步发展的一个研究和回答。马克思在切什考夫斯基、卢格等青年黑格尔派"实践哲学"的影响下,将"实践"原则纳入自我意识哲学之中,彻底改造了自我意识哲学。① 炎冰则认为鲍威尔对马克思的影响主要体现在两点:一是宗教批判;二是自我意识哲学秉持的不屈精神。② 方婷在《从马克思的〈博士论文〉看马克思和青年黑格尔派的关系》一文中从自我意识、无神论和自由观三个方面介绍了《博士论文》的内容与青年黑格尔派之间的关系,分别在四个维度上继承和超越了青年黑格尔派的思想,继承包括:自我意识为世界本源、能动性原则、矛盾辩证法以及自由观启迪;超越包含:从理想主义到现实主义、自我意识理论、自由观以及对鲍威尔的超越。③

(三)《博士论文》与法国启蒙思想的关系问题研究

在《博士论文》的早期研究中,受到苏联教科

---

① 朱学平:《马克思〈博士论文〉的政治意蕴探析》,载《求是学刊》2014年第3期。
② 炎冰:《论"自我意识"的政治学况味——马克思〈博士论文〉续探》,载《南京社会科学》2012年第6期。
③ 方婷:《从马克思的〈博士论文〉看马克思和青年黑格尔派的关系》,云南大学硕士学位论文,2015年第14—16、33—37页。

书体系对马克思主义哲学、政治经济学和科学社会主义的三分法的影响，《博士论文》往往被归结为马克思纯哲学的著作，因而研究者往往着重强调《博士论文》与黑格尔以及青年黑格尔派的关系，甚至有学者会联系到费尔巴哈。但是，也不少学者试图从哲学之外的领域，比如政治学、伦理学等角度来解读《博士论文》，于是《博士论文》和启蒙思想的关系、《博士论文》和古典思想的关系等问题研究浮出水面。

启蒙思想可以说是整个西方近代以来思想史的总体背景，不论是讨论哪一位西方思想家，大多都无法和启蒙运动、启蒙思想完全摆脱关系，马克思当然也不例外。日本学者城塚登是较早研究《博士论文》与法国启蒙思想的关系问题的学者之一，他在《青年马克思的思想——社会主义思想的创立》一书中提到马克思的哲学立场受到黑格尔哲学的影响，也存在青年黑格尔派所特有的倾向，但实质上"马克思在这篇论文中主张自我意识的立场，其内容不外是主张人的自由和主体性的自由主义、人本主义，不外是主张从感性现实的直接认识出发的感性的现实主义和实证主义……毋宁说它更接近于法国18世纪启蒙思想的立场"①。

黄学胜吸收了城塚登的观点,认为马克思在《博士论文》中集中阐扬了伊壁鸠鲁的自我意识哲学,自我意识意味着肯定人的主体性和自由,意味着对宗教神学和对当时的普鲁士政权在理念层面和政治层面的反抗,因此马克思肯定自我意识实际上就体现了他对启蒙立场和启蒙原则的肯定和追求。"因此可以说,马克思在《博士论文》中对自我意识哲学的弘扬,最终意图乃是弘扬人的主体性及其自由,服务于反宗教神学和反封建专制的启蒙主义立场。这无疑是马克思对启蒙时代主体即'主体性'的彰显的回应。"②

孙琳认为,青年马克思带着启蒙理性的自由主义激情创作了《博士论文》,启蒙理性倡导的自由精神正是《博士论文》一以贯之的思想红线。③潘中伟不同意马克思在《博士论文》中主要阐述的是黑格尔的思想的观点,指出"马克思对于黑格尔国

---

① [日]城塚登:《青年马克思的思想——社会主义思想的创立》,尚晶晶等译,求实出版社1988年版,第34页。
② 黄学胜:《青年马克思与启蒙》,复旦大学出版社2013年版,第51页。
③ 孙琳:《被异化的"自我意识"与被照亮的思想未来——马克思〈博士论文〉辩证思想解读》,载《北方论丛》2015年第6期。

家哲学的接受一开始就是有一定限度的,他接受了黑格尔分析和阐述问题的辩证方法,基本接受了黑格尔对于哲学史的理解,但却是在一个新的原则即自我意识的原则上接受的黑格尔国家哲学的内容。这样一来,占主导地位的不是强调整体的黑格尔的原则,而是尊重人,尤其是个体自由的启蒙主义精神。这一点正是构成了马克思后来接受费尔巴哈哲学、批判黑格尔哲学的主观基础"①。潘中伟强调,在马克思主义研究当中,不能忽略的是他的思想中一直存在的理性主义因素,而这一理性主义因素正是启蒙思想对马克思的影响的产物。陈菊从契约论的意义上论证了启蒙运动的基本价值在马克思《博士论文》中的体现。她认为《博士论文》的政治伦理向度主要体现在:对人的主体性的高扬、对自由的诉求及对平等的关注。这些政治伦理思想与近代契约论有许多相通之处,马克思继承了近代契约论的思想,但同时又超越了它。这体现在马克思所表述的关于人、平等、自由等观念与近代契约论思想家们的理解均有不同,马克思的人是具体的人,自

---

① 潘中伟:《自我意识哲学的界限与哲学的出路——简论马克思〈博士论文〉的动因及体系原则》,载《学术研究》2015年第7期。

由是现实的自由,平等是自由的起点与归宿。[1]李淑梅在《马克思博士论文的政治旨趣》一文中从四个方面论证了《博士论文》中所蕴含的政治旨趣:伊壁鸠鲁把原子偏斜运动用于说明社会政治生活体现了"个人偏离强权统治秩序而自由的精神",原子的排斥则象征着"人与人相互协调的新秩序";原子的质的设定说明"不能满足于经验个体而消极回避不合理的现存政治统治,而要将个体的经验上升为普遍的理性观念,通过观念的外化建立起合乎普遍理性的政治制度,实现每个人的自由";通过反对天体崇拜的虚假观念来反对宗教迷信;从哲学的世界化和世界的哲学化出发强调实践哲学。[2]陈飞认为,《博士论文》时期马克思研究伊壁鸠鲁的原子偏斜理论,不仅仅是出于哲学认识论方面的探索,更重要的是借此表达了自己对个体自由和平等的推崇。《博士论文》中的自我意识实际上是处于上升时期资本主义所要求的个体理性和个体能动性

---

[1] 陈菊:《马克思博士论文的政治伦理向度——兼论其与近代契约论的关联》,载《伦理学研究》2011年第3期。
[2] 李淑梅:《马克思博士论文的政治旨趣》,载《马克思主义与现实》2009年第3期。

在哲学上的表达，它与斯密对自由竞争的推崇、洛克对财产自由的论证、法国自由主义者对政治自由权利的呐喊具有内在的一致性。①

(四)《博士论文》与古典思想的关系问题研究

伊壁鸠鲁的自然哲学在哲学史上长期为人所诟病，在马克思以前人们大多把伊壁鸠鲁看作德谟克利特的"拙劣的抄袭者"。柯塔说伊壁鸠鲁的物理学大部分是照着德谟克利特说的，西塞罗不仅认为伊壁鸠鲁的物理学大部分都是德谟克利特的，更是嘲讽地表示伊壁鸠鲁所不同于德谟克利特的地方和他所要改进的地方，也就是他损害了、败坏了德谟克利特的地方，近代的莱布尼茨也把伊壁鸠鲁视为德谟克利特的抄袭者。② 黑格尔在《哲学史讲演录》中把作为伊壁鸠鲁自然哲学基础的原子论看作人们所能想象出来的最任意、因而也是最无聊的东西；马克思在《关于伊壁鸠鲁的哲学笔记》中一开始也受到这些先前哲学家特别是黑格尔的影响，对于伊

---

① 陈飞：《马克思早期正义观和古典自由主义传统》，载《马克思主义哲学研究》2018年第2期。
② 陈先达、靳辉明：《马克思早期思想研究》，北京出版社1983年版，第30—31页。

壁鸠鲁的自然哲学没有报以足够的重视，但是在摘录卢克莱修的《物性论》的过程中，马克思"从卢克莱修那里不仅认识到原子脱离直线的偏斜是伊壁鸠鲁自然哲学的基本原则，而且赋予了这种规律以普遍的意义。马克思论证了伊壁鸠鲁哲学这种普遍规律性的必然性、抽象的个别性，就是说原子或抽象的个别的自我意识不能真正地克服直接定在，而只能从定在中抽象出来"①。伊壁鸠鲁之所以如此重视原子的偏斜，并不是因为他无法察觉现实当中物体运动的真正规律，而是因为只有在原子的偏斜运动中，个体的意志自由、个体性和独立性才能从在德谟克利特哲学当中被规定了的直线运动的"必然"的束缚当中解脱出来，人才能从宗教的"命定论"中解放。如果我们从科学的角度来看，当然是德谟克利特的原子运动更为科学，但伊壁鸠鲁的自然哲学的目的并非是确认科学，而是要为他的伦理学服务，要为自我意识的确认和宗教批判服务，这是包括黑格尔在内的过去的哲学家都没有意识到的问题，也是马克思的《博士论文》所要解决的问

---

① 沈真主编：《马克思恩格斯早期哲学思想研究》，中国社会科学出版社1982年版，第248页。

题。因此,从《博士论文》的主题本身出发,讨论马克思的思想和古典思想,主要是和古希腊哲学的思想关系,也是学界研究较多的问题之一。

桑瓦尔德在评价伊壁鸠鲁哲学的时候是这么说的:"伊壁鸠鲁代表着希腊哲学不可避免之结果,因为希腊哲学在此达到了它的逻辑结论。伊壁鸠鲁的思想在理论上重演了希腊精神的整个发展过程,通过它对一个最主要的哲学主题的核心强调:从希腊城邦的社会世界中发展出自我意识之个体。自由个体从社会形式中产生出来,这正如伊壁鸠鲁哲学的发展出自并且回应了亚里士多德体系以及希腊的宗教传统和价值观念所显明的一样。"[1]伊壁鸠鲁的伦理学所确立的自我意识和自由的绝对性成为马克思毕生的价值追求,"对马克思而言,人的解放绝不仅仅意味着一种政治诉求,政治自由同样也会作为一个时期内的下一个目标而站上前台,在此过程中,寻求一条脱离抽象的真空的道路与对自然实现的普遍渴望是集合在一起的。正如马克思所说,自由是在人的可理解的自治、人的本质实现中的一瞬

---

[1] Rolf Sannwald, "Marx und die Antike, Zürich", *Polygraphischer Verlag*, 1957, S.72.

间。当马克思假定人的解放——类似古希腊关于明智的人的理想时,站在背后的是德国古典的人文主义理想及其对人的精神普遍性的强调,而这一人的解放也不过是人类的部分实现(完全的斯多葛主义、伊壁鸠鲁主义等)。这一目标假定人首先回忆起自身中隐藏着的能力,并认识到自身从自然中脱离出来。宗教目的却反对这一点,它从生活的脆弱当中总结出人对超越性力量的依赖"①。

麦卡锡在《马克思与古人》中集中把握住了伊壁鸠鲁伦理学的实质,并从中挖掘马克思主义伦理学资源,认为马克思后来作品当中所体现的价值理论、经济危机理论以及对其政治经济学批判的正确理解,最终都离不开其基于希腊城邦典范的关于社会公正的设想。马克思一生所关注的对象都离不开"产业资本主义结构之间的辩证关系以及现代意识的形成过程——理性、自我意识和自由在现代社会中的真正的可能性"②。对于马克思来说,伊壁鸠鲁

---

① Rolf Sannwald, "Marx und die Antike, Zürich", *Polygraphischer Verlag*, 1957, S.150.
② [美]乔治·麦卡锡:《马克思与古人》,王文扬译,华东师范大学出版社2011年版,序章。

伦理学的真正价值就是对包括宗教和绝对精神在内的一切形式的外在强加的权威的反叛,"通过理论批判这一实践,人类创造之神话的客体性和真实性就被暴露出来;最后揭示出来隐藏在他们背后的东西不过是主体自身。主体与客体这一重新统一——也是本质与现象——是黑格尔式的绝对命令,凭借着对后亚里士多德希腊哲学的分析和对亚里士多德和黑格尔的批判,马克思贯彻了这一绝对命令"①。此外,麦卡锡也认为,伊壁鸠鲁自然哲学的缺陷即实存与本质的矛盾,也就是唯物论和伦理学的矛盾,是马克思后来转向政治经济学研究的重要动因,因为现实的异化只能通过社会实践来克服,哲学的理论实践和伦理批判必须转化为现实的行动和生产关系的根本改变来克服,因此马克思的研究对象必须从抽象的自我意识转向现实生产活动中具体的自我意识,从哲学研究转向政治经济学研究。《博士论文》为马克思初期和后来研究社会生产关系设定了道路、方向和有限性。正如《博士论文》始于批判异己的自然外在性,《资本论》始于批判

---

① [美]乔治·麦卡锡:《马克思与古人》,王文扬译,华东师范大学出版社2011年版,第28页。

政治经济学的'自然规律'——从物理学到政治经济学——恰恰就是马克思毕生工作的中心和灵魂所在。"①

罗晓颖的专著《马克思与伊壁鸠鲁——马克思〈关于伊壁鸠鲁哲学的笔记〉和〈博士论文〉研究》以极大篇幅来考察古希腊神话与戏剧,文本上考察了马克思对古希腊文献的掌握情况及其对西塞罗、卢克莱修和普鲁塔克的解读,从伊壁鸠鲁哲学的视角去解读马克思的《博士论文》②。孟伟、牛瑞超和夏志鹏从古希腊自然哲学的发展历程出发,结合近代认识论转向,从哲学史的角度说明马克思如何在《博士论文》中认识到黑格尔唯心主义的缺陷,并用基于伊壁鸠鲁感性原则的唯物主义实践观克服了黑格尔哲学的弊端。③

---

① [美]乔治·麦卡锡:《马克思与古人》,王文扬译,华东师范大学出版社 2011 年版,第 61 页。
② 罗晓颖:《马克思与伊壁鸠鲁——马克思〈关于伊壁鸠鲁哲学的笔记〉和〈博士论文〉研究》,华东师范大学出版社 2010 年版,12—13 页。
③ 孟伟、牛瑞超、夏志鹏:《"现象的拯救"——马克思〈博士论文〉对古希腊自然哲学的诠释与唯物主义实践观的萌芽》,载《聊城大学学报》(社会科学版) 2017 年第 1 期。

(五)自我意识与自由问题研究

在前文涉及《博士论文》与各种思想来源关系的说明中,可以看到,自我意识与自由是《博士论文》的绝对主题,马克思之所以要选择伊壁鸠鲁哲学作为自己博士论文的写作对象,主要原因是伊壁鸠鲁哲学中通过原子偏斜所确立的人的自由意志的可能性。马克思在《博士论文》中关注的问题是"鉴于规律性和必然性的存在,自由怎样才能在理论上得到论证,在实践上成为可能?自由同必然的关系如何?"①为解决这一问题,马克思研究了伊壁鸠鲁自然哲学的原子论。在伊壁鸠鲁看来,承认了必然性就等于把人的独立和自由完全交给了命运,原子的直线运动"是原子应该给予否定的定在",否定原子直线运动的另外一种运动形式就是原子偏离直线的运动。排斥是自我意识的最初形式,作为自我意识外化的原子,由于排斥所产生的偏斜运动,就从直线的必然中解放出来,从而实现了纯粹的自为存在和不依赖于直接定在的独立性,实现了

---

① [德]玛蒂娜·汤姆:《论马克思的博士论文》,收录于《马克思主义研究资料》第11卷,中央编译出版社2015年版,第257页。

原子概念所包含的矛盾。[①]"脱离直线的偏斜是个人意识的象征，个人意识只有离开世界，才能在这个使它感到无能为力和受压迫的世界中确立自己的自由。但是离开世界使个人意识不能作用于周围环境，并且使通过那种途径而获得的自由具有一种抽象的性质。"[②] 如果马克思的自我意识哲学仅仅是这样，只是强调自我意识对必然性的反抗的话，那么和其他青年黑格尔分子也没有太大区别。但马克思并不止于此，在赞同伊壁鸠鲁对德谟克利特宿命论的否定的同时，马克思也批判了伊壁鸠鲁对自由的抽象理解，他不赞成伊壁鸠鲁把自由看作不受外界对象影响的任意性，认为"抽象的个别性是脱离定在的自由，而不是定在中的自由。它不能在定在之光中发亮"[③]。在这里，马克思用黑格尔的"定在"概念说明人的自由，使人的自由具有了更多客观规定性，"定在中的自由实际是说，人的自由存在于人的社会联系中，不是任意的，要在与现实的对立

---

① 黄楠森等编：《马克思主义哲学史》第1卷，北京出版社1996年版，第109页。
② [法] 奥古斯特·科尔纽：《马克思恩格斯传》第1卷，刘丕坤等译，生活·读书·新知三联书店1963年版，第207页。
③ 《马克思恩格斯全集》第1卷，人民出版社1995年版，第94页。

统一中充分实现自我意识的力量"①。孙伯鍨将这种"定在中的自由"表述为马克思对自我意识的普遍性、个别性和否定性的三者统一,批评伊壁鸠鲁从经验个别性向抽象个别性的倒退。"认为自由必须客观化,必须通过必然而实现。只有掌握了客观理性才能达到定在中的自由。"②张一兵认为,"定在中的自由"体现了马克思对客观外在制约性的尊重,是马克思一直以来思想倾向的必然发展。③

吴晓明在《马克思早期思想的逻辑发展》中认为,马克思所总结的伊壁鸠鲁的自我意识原则可以归结为以下三点:首先,反对神的观念,坚定的无神论是自我意识的本质要求。由于个别的自我意识被设定为绝对的原则,这就意味着对一切对于人的意识来说是超验的东西的否定。其次,自我意识原则作为自由的精神确认了批判的科学和启蒙精神的合理性。最后,反对机械论世界观的能动的自我意识构成了伊壁鸠鲁哲学和德谟克利特哲学的本质差

---

① 黄楠森等编:《马克思主义哲学史》第1卷,北京出版社1996年版,第110—111页。
② 孙伯鍨:《探索者道路的探索》,南京大学出版社2002年版,第83页。
③ 张一兵:《马克思哲学的历史原像》,人民出版社2009年版,第88页。

别。但对于这一原则,马克思并不是全盘的认可,在他看来,"伊壁鸠鲁哲学的根本缺陷就在于它使思维和存在分离隔绝,使自由和定在直接对立,从而使相互作用或互相表现的逻辑力量化为乌有,最终完全退回到自我封闭的主观世界中"[1]。因此,马克思对自我意识哲学存在着双重理解,一方面他肯定自我意识原则的能动性可以彻底发挥批判的原则,从必然中解放自由;另一方面这种自我意识哲学的批判仅仅是主观的、抽象的。这种双重理解塑造了《博士论文》内容的内在矛盾,并成为推动理论发展的内在张力。

熊进在他的专著《论马克思的时间概念》当中,抓住马克思关于时间作为"偶性之偶性"的论述,从形体化了的感性出发,提出感性时间本身成为人的可能性存在本身,在这种可能性中人打开了自由创造的空间。通过人的感性,自我意识转向现实世界,也给世界打上了他自己的烙印。正是这种双向互动、双重扬弃哲学真正实现了自身的任务,人的

---

[1] 吴晓明:《马克思早期思想的逻辑发展》,人民出版社2016年版,第112页。

自由本性得到了最大的张扬。①

许俊达把自我意识看作马克思《博士论文》的核心范畴，他极大地发扬了德国古典哲学中自我意识范畴的主体能动性，基于黑格尔哲学的合理内核，站在自我意识的批判的革命立场，保持思维与存在的同一，达到自我与实体的统一。一方面，马克思力求以自我意识消除黑格尔的绝对（上帝）；另一方面，他又竭力保留黑格尔的思维和存在的同一性原则。这既是马克思的自我意识哲学区别于其他青年黑格尔派的进步的地方，又导致了他在《博士论文》当中内在的不可解决的矛盾。②

李成旺在论文《自由的追寻与自我意识哲学的局限——马克思〈博士论文〉的展开逻辑与思想史定位》中分析了德国当时的政治社会结构，分析了马克思写作《博士论文》的动机与政治诉求并指出。马克思通过阐明德谟克利特和伊壁鸠鲁在自然哲学上的差别，特别是对伊壁鸠鲁哲学抽象

---

① 熊进：《论马克思的时间概念》，武汉大学出版社2014年版，第117页。
② 许俊达：《马克思主义哲学范畴述要》，上海社会科学院出版社2015年版，第31—35页。

的、个性的、自由的自我意识的绝对性的彰显，批判了在德国思想界占据统治地位的基督教和黑格尔理性主义哲学体系，进而试图在实践上为改变德国思想专制的现实提供一种可行路径，并在理论上确定黑格尔以后哲学发展的正确方向。但此时马克思对于自我意识和自由的思考是存在局限的，这种局限表现在两个方面：首先，诉诸自我意识的自由并不能实现人的真正自由；其次，意识决定存在的唯心主义思维范式不能促进现实问题的解决。①

吴猛认为，马克思的自我意识理论"在两个关键性的地方"背离了鲍威尔和黑格尔：第一，定在的出现，"形式"对"定在"的否定及原子概念的出现，并不是精神辩证运动的三个不同阶段，而是自我意识的三个层面；第二，形式对质料的否定，不是黑格尔辩证法中反题对正题的否定，是"直接现实性"的对立，这种对立不是"事后对立"或"外在对立"，而是"当下对立"和"内在对立"。《博士论文》中所讨论的自我意识是在直接现

---

① 李成旺：《自由的追寻与自我意识哲学的局限——马克思〈博士论文〉的展开逻辑与思想史定位》，载《求是学刊》2012年第5期。

实性的层面上来讨论的，在这种直接现实性中否定性、赋形和普遍性同时呈现，马克思事实上肯定了自我意识自身获得自由的可能性，自由不再视为仅与意识自身相关，而被视为同时与现实生活或现象界相关，只有在后者那里才能寻找到自由的可能性依据。①

张义修从对"对象化"概念的考察入手，认为《博士论文》中马克思对费尔巴哈的"对象化"概念进行了创造性地运用，赋予其自我意识哲学的内涵。这一时期马克思哲学思考的核心范式就是"自我意识的对象化"，它不仅意味着意识以对象方式呈现其自身，还以对象方式把握其自身。《博士论文》中马克思突出了"自我意识"作为一种"自由意识"的内涵，使"自我意识的对象化"反映出突破宗教与政治专制、张扬个体自由的现实诉求。②

（六）哲学与世界的关系问题研究

哲学与世界的关系问题，即是这一时期马克思

---

① 吴猛:《"自我意识"的意义论内蕴：马克思博士论文的哲学视野》，载《复旦学报》（社会科学版）2010年第2期。
② 张义修:《"对象化"与马克思哲学之路的开端——对原初哲学范式的概念史考察》，载《马克思主义理论学科研究》2018年第4期。

的哲学观问题，也就是思维与存在的关系问题。恩格斯在《路德维希·费尔巴哈和德国古典哲学的终结》中将近代哲学的基本问题归纳为思维与存在的关系问题，而恰恰是在《博士论文》当中，马克思提到了关于"哲学的世界化"和"世界的哲学化"这两个命题，所以《博士论文》中马克思的哲学观问题当然成为哲学史研究中不可缺少的一环。科尔纽在《马克思恩格斯传》中用较多的篇幅讨论了这一问题，他认为，马克思在《博士论文》的附录中对哲学与世界关系的分析是使马克思同青年黑格尔派相区别的关键，他不像鲍威尔那样把历史进程归结为自我意识的发展，把应然和实存对立起来，相反，马克思认为世界的合理发展不能由精神力量任意决定，而只有通过精神深入具体现实才能实现。马克思"从这样一个观点出发，即世界历史中存在着一些重大的时刻，那时世界的具体状况是合理的，因而哲学就可以成为具体的整体。亚里士多德的体系或黑格尔的体系就表现了这样的时刻。但是在历史发展的进程中，世界和哲学这种统一被破坏了，现实的事物和合理的事物之间发生了分歧，这就在成为抽象整体的哲学和变得不合理的具体世界之间引起了矛盾"。①世界和哲学的这种分裂要求哲学应当用适当的方法调解矛盾并使历史的发展重新同理性的发展相适应,这就需要哲学拿起批判的武器,哲学通过批判使自己具现化为实践的力量,"正是哲学在世界中的实现(世界由此而哲学化了),使哲学世界化了"②。科尔纽认为,"对哲学和世界的辩证关系进行这种分析的结果,使马克思第一次理解了思维和存在、精神和具体现实之间的相互作用,这种理解使他既超过了黑格尔,也超过了鲍威尔和其他青年黑格尔分子"③。在马克思看来,哲学和世界是相互作用的关系,不应该把它们的对立视为凝固不变的存在,而应该看到它们之间关系的辩证统一。"哲学从世界分离出来以后,它重新进入世界,同时改变世界;然后它再一次作为抽象的整体而同世界分裂,并且通过批判把自己同它对

---

① [法]奥古斯特·科尔纽:《马克思恩格斯传》第1卷,刘丕坤等译,生活·读书·新知三联书店1963年版,第196页。
② [法]奥古斯特·科尔纽:《马克思恩格斯传》第1卷,刘丕坤等译,生活·读书·新知三联书店1963年版,第199页。
③ [法]奥古斯特·科尔纽:《马克思恩格斯传》第1卷,刘丕坤等译,生活·读书·新知三联书店1963年版,第201页。

立起来而重新决定它的进一步发展。"①

黄楠森将《博士论文》中所体现的哲学与世界的辩证运动过程描述为,"哲学在转化为行动的过程中就同世界结合为完整的统一体,实现了自己的彻底性。哲学的这种直接实现虽然从其内在本质来说是充满矛盾的,然而它却取得了具体形式,并与生活结合在一起,从而自我否定。哲学在其外部的实现中扬弃了自己内在的缺陷和错误,世界则因与哲学的结合而理性化。在相互作用中,哲学和世界不断克服自己的缺点,达到新的境界"。② 不过,黄楠森并不像科尔纽那样认为此时的马克思已经正确认识了思维和存在的关系问题,因为这里马克思的实践概念还仅仅是理论批判,还没有超出唯心主义的界限,"但马克思在自我意识和外在现实、哲学和世界、人和自然关系上所表现出来的辩证法思想,推动了他最终走向辩证唯物主义和历史唯物主

---

① [法]奥古斯特·科尔纽:《马克思恩格斯传》第1卷,刘丕坤等译,生活·读书·新知三联书店1963年版,第199页。
② 黄楠森等编:《马克思主义哲学史》第1卷,北京出版社1996年版,第113页。

义"①。顾海良把马克思所提出的"哲学的世界化与世界的哲学化"的观点归结为马克思坚持黑格尔的辩证法的结果，强调思维与存在、哲学与现实的相互作用。②张一兵把《博士论文》中哲学与世界的关系表述为一个双向的辩证过程，"独立地解释哲学和现实间辩证的相互作用，这就成了后来马克思世界观发展的重要出发点"③。炎冰指出："马克思这里强调的只是精神的实践功效，精神通过批判现实的不合理性来彰显其价值存在，而哲学作为人类精神的精致化反映和时代特征的理性化凝结，具有一种对现实的僭越和超脱之神韵。"④《博士论文》时期的马克思还不能摆脱（既定的）意识决定（未来的）存在之隐性理想主义逻辑。王兴赛认为，在《博士论文》时期，"马克思一方面赞成青年黑格尔派对现实和黑格尔哲学保守性的批判，另一方面他

---

① 黄楠森等编：《马克思主义哲学史》第1卷，北京出版社1996年版，第114页。
② 顾海良：《马克思主义发展史》，中国人民大学出版社2009年版，第37页。
③ 张一兵：《马克思哲学的历史原像》，人民出版社2009年版，第90页。
④ 炎冰：《论"自我意识"的政治学况味——马克思〈博士论文〉续探》，载《南京社会科学》2012年第6期。

也认识到这种批判的困境所在。这种批判太抽象，缺少现实性，而且批判本身存在着内在矛盾。纯粹的批判本身不能完成世界哲学化的任务，也不能真正推动哲学本身的完善"①。黄仕成提出，在《博士论文》中，马克思从自然哲学、神话与德国哲学中认识了作为自我意识的抽象能动性，并以此作为个人向世界抗争的力量。这种作为个人冲破必然性的能动性成为马克思能动性主张的第一个层次：作为"解释世界"的力量。黑格尔哲学对自我意识、主体能动的哲学思辨间接地肯定了马克思以抽象能动性作为解释世界的一种力量，正是在此逻辑下，马克思得出"世界的哲学化同时也就是哲学的世界化"的结论②。

（七）人的解放问题研究

人的解放问题是马克思终生奋斗的主题，《博士论文》中马克思曾以牺牲自己为人类取来火种的普罗米修斯自比，表达了他愿为全人类解放奉献终生

---

① 王兴赛：《作为实践的哲学与世界的哲学化——马克思博士论文时期哲学思想研究》，载《社会科学辑刊》2016年第3期。
② 黄仕成：《马克思论能动性的四个向度》，载《思想理论教育导刊》2019年第4期。

的决心。《博士论文》中马克思的人类解放思想也因此成为学者们关注的话题。

孙熙国在《是地道的唯心主义哲学还是唯物史观的秘密诞生地——马克思〈博士论文〉与唯物史观的创立》一文中认为:"在《博士论文》中……初步展露出了正确认识人与自然界的关系、摆脱自然的奴役和压迫、'成为自然界的主人',正确认识人与社会的关系、摆脱社会的奴役和压迫、'成为自己的社会结合的主人',正确认识人与自身的关系、摆脱自己对自己的束缚和压迫、'成为自身的主人——自由的人'的思想雏形,初步形成了'三个解放''三个主人'的思想萌芽,表达出了历史唯物主义的一些重要观点。"[1]陈晓斌和刘同舫则指出,《博士论文》的目标就是"以哲人的政治理想来改造大众的现实政治社会,既是追求把大众从一切宗教式的魅惑与束缚之下解放出来,使其获得理性与自由;亦是追求把有可能陷入混乱状态中的自

---

[1] 孙熙国.《是地道的唯心主义哲学还是唯物史观的秘密诞生地——马克思〈博士论文〉与唯物史观的创立》,载《学术月刊》2013年第5期。

由个体拯救起来,赋予其秩序感与创造感"①。在此意义上,《博士论文》中马克思的哲学就成为一种"救赎哲学"。马凤阳从人的解放维度来理解《博士论文》,强调人的解放不仅是人类社会发展过程中的主题,也是始终贯彻马克思整个思想发展历程的重要命题。马克思的《博士论文》第一次集中表达了其深刻的哲学思维及潜在的思想倾向,通过比较德谟克利特的自然哲学和伊壁鸠鲁的自然哲学的差别,赞扬了伊壁鸠鲁哲学对自我意识原则的贯彻和对宗教的批判,并暗含了马克思本人对自然界客观性的考察,"世界的哲学化"和"哲学的世界化"的命题也从一定意义上表明了哲学的实践性。从这些层面考察彰显了人的解放维度在马克思《博士论文》中的体现。②杨适在《人的解放——重读马克思》一书中强调研究伊壁鸠鲁哲学的意义,"我专门研究了伊壁鸠鲁,发现了自己以前为什么对于马克思研究伊壁鸠鲁总隔着一层的原因,并且找到了

---

① 陈晓斌、刘同舫:《马克思博士论文中的哲学拯救与宗教批判》,载《社会科学研究》2012年第5期。
② 马凤阳:《论马克思博士论文中人的解放维度》,载《华北电力大学学报》(社会科学版)2013年第6期。

解开这个谜团的钥匙"①。董金平认为，在《博士论文》当中，马克思已经由伊壁鸠鲁哲学认识到，自我意识的自由并不是抽象的和本质的自我意识的绝对自由，而是一种在现实的现象世界或感性世界中产生偏斜运动的自由。因此，最核心的问题与其说是关于自我意识的自由问题，不如说是本质世界和感性世界的关系，或者彼岸世界和此案世界的关系问题。从这时起，马克思已经开始意识到人的自由解放必须首先是感性世界里的自由解放，必须从感性的、实践的世界来寻找真正属于人的自由解放问题。②

---

① 杨适:《人的解放——重读马克思》，四川人民出版社1996年版，第12页。
② 董金平:《自由、解放与共产主义——从〈博士论文〉到〈德意志意识形态〉的马克思人类解放逻辑》，载《山东社会科学》2018年第2期。

参考文献

1. 《马克思恩格斯文集》第4卷,人民出版社2009年版。
2. 《马克思恩格斯全集》第1卷,人民出版社1995年版。
3. 《马克思恩格斯全集》第29卷,人民出版社1972年版。
4. 《马克思恩格斯全集》第40卷,人民出版社1982年版。
5. 《马克思恩格斯全集》第47卷,人民出版社2004年版。
6. 《列宁选集》第2卷,人民出版社1995年版。
7. [苏]彼·费多谢耶夫:《卡尔·马克思》,孙家衡等译,生活·读书·新知三联书店1980年版。
8. [法]保尔·拉法格:《回忆马克思恩格斯》,马集译,人民出版社1973年版。
9. [苏]巴库拉杰:《论马克思哲学观点的形成问题》,于文译,科学出版社1958年版。
10. [苏]奥伊泽尔曼:《马克思主义哲学的形成》,潘培新等译,生活·读书·新知三联书店1964年版。
11. [德]弗·梅林:《马克思传》,樊集译,人民出版社1965年版。
12. [德]海因里希·格姆科夫:《马克思传》,易廷镇、侯焕良译,人民出版社1978年版。
13. [苏]尼·拉宾:《论西方对青年马克思思想的研究》,马哲译,人民出版社1981年版。

14. [英]戴维·麦克莱伦:《青年黑格尔派与马克思》,夏威仪等译,商务印书馆1982年版。

15. [波]兹维·罗森:《布鲁诺·鲍威尔和卡尔·马克思》,王谨译,中国人民大学出版社1984年版。

16. [日]城塚登:《青年马克思的思想——社会主义思想的创立》,尚晶晶等译,求实出版社1988年版。

17. [法]汤姆·洛克曼:《马克思主义之后的马克思》,杨学功、徐素华译,东方出版社2008年版。

18. [法]路易·阿尔都塞:《保卫马克思》,顾良译,商务印书馆2010年版。

19. [美]乔治·麦卡锡:《马克思与古人》,王文扬译,华东师范大学出版社2011年版。

20. [美]丹尼尔·莱文:《不同的路径:马克思主义与恩格斯主义中的黑格尔》,臧峰宇译,北京师范大学出版社2009年版。

21. 黄楠森等编:《马克思主义哲学史》第1卷,北京出版社1996年版。

22. 庄福龄主编:《简明马克思主义史》,人民出版社1999年版。

23. 高光等:《马克思恩格斯早期著作研究——从〈博士论文〉到〈德意志意识形态〉》,中共中央党校出版社1992年版。

24. 陈先达、靳辉明:《马克思早期思想研究》,北京出版社1983年版。

25. 孙伯鍨、侯惠勤:《马克思主义哲学的历史和现状》,南京大学出版社2004年版。

26. 孙伯鍨:《探索者道路的探索》,南京大学出版社2002年版。

27. 顾海良:《马克思主义发展史》,中国人民大学出版社2009年版。

28. 张一兵:《马克思历史辩证法的主体向度》,武汉大学出版社2010年版。

29. 张一兵:《马克思哲学的历史原像》,人民出版社2009年版。

30. 吴晓明:《马克思早期思想的逻辑发展》,人民出版社2016年版。

31. 侯才:《青年黑格尔派与马克思早期思想的发展》,中国社会科学出版社1994年版。

32. 黄学胜:《青年马克思与启蒙》,复旦大学出版社2013年版。

33. 罗晓颖:《马克思与伊壁鸠鲁——马克思〈关于伊壁鸠鲁哲学的笔记〉和〈博士论文〉研究》,华东师范大学出版社2010年版。

34. 杨适:《人的解放——重读马克思》,四川人民出版社1996

年版。

35. 鲁路:《马克思博士论文研究》,中央编译出版社2007年版。

36. 许俊达:《马克思主义哲学范畴述要》,上海社会科学院出版社2015年版。

37. 熊进:《论马克思的时间概念》,武汉大学出版社2014年版。

38. 孙熙国:《是地道的唯心主义哲学还是唯物史观的秘密诞生地——马克思〈博士论文〉与唯物史观的创立》,载《学术月刊》2013年第5期。

39. 陈晓斌、刘同舫:《马克思博士论文中的哲学拯救与宗教批判》,载《社会科学研究》2012年第5期。

40. 鲁克俭:《试论马克思对黑格尔逻辑学的创造性转化——以马克思〈博士论文〉为例》,载《哲学动态》2013年第6期。

41. 赵凯荣、邢学军:《马克思博士论文的独特理论贡献——对黑格尔的超越以及自我意识哲学的新突破》,载《武汉大学学报》(人文社会科学版)2012年第3期。

42. 裴植:《国内学者研究马克思"博士论文"成果综述》,载《长沙理工大学学报》(社会科学版)2014年第1期。

43. 朱学平:《马克思〈博士论文〉的政治意蕴探析》,载《求是学刊》2014年第3期。

44. 炎冰:《论"自我意识"的政治学况味——马克思〈博士论

文〉续探》，载《南京社会科学》2012年第6期。

45. 孙琳：《被异化的"自我意识"与被照亮的思想未来——马克思〈博士论文〉辩证思想解读》，载《北方论丛》2015年第6期。

46. 潘中伟：《自我意识哲学的界限与哲学的出路——简论马克思〈博士论文〉的动因及体系原则》，载《学术研究》2015年第7期。

47. 陈菊：《马克思博士论文的政治伦理向度——兼论其与近代契约论的关联》，载《伦理学研究》2011年第3期。

48. 李淑梅：《马克思博士论文的政治旨趣》，载《马克思主义与现实》2009年第3期。

49. 孟伟、牛瑞超、夏志鹏：《"现象的拯救"——马克思〈博士论文〉对古希腊自然哲学的诠释与唯物主义实践观的萌芽》，载《聊城大学学报》（社会科学版）2017年第1期。

50. 李成旺：《自由的追寻与自我意识哲学的局限——马克思〈博士论文〉的展开逻辑与思想史定位》，载《求是学刊》2012年第5期。

51. 吴猛：《"自我意识"的意义论内蕴：马克思博士论文的哲学视野》，载《复旦学报》（社会科学版）2010年第2期。

52. 张义修：《"对象化"与马克思哲学之路的开端——对原初哲学范式的概念史考察》，载《马克思主义理论学科研究》2018年第4期。

53. 王兴赛:《作为实践的哲学与世界的哲学化——马克思博士论文时期哲学思想研究》,载《社会科学辑刊》2016年第3期。

54. 马凤阳:《论马克思博士论文中人的解放维度》,载《华北电力大学学报》(社会科学版)2013年第6期。

55. 黄仕成:《马克思论能动性的四个向度》,载《思想理论教育导刊》2019年第4期。

56. 董金平:《自由、解放与共产主义——从〈博士论文〉到〈德意志意识形态〉的马克思人类解放逻辑》,载《山东社会科学》2018年第2期。

57. 陈飞:《马克思早期正义观和古典自由主义传统》,载《马克思主义哲学研究》2018年第2期。